CLÁSSICOS
BOITEMPO

NAPOLEÃO

CLÁSSICOS BOITEMPO

A ESTRADA
Jack London
Tradução, prefácio e notas de Luiz Bernardo Pericás

AURORA
Arthur Schnitzler
Tradução, apresentação e notas de Marcelo Backes

BAUDELAIRE
Théophile Gautier
Tradução de Mário Laranjeira
Apresentação e notas de Gloria Carneiro do Amaral

DAS MEMÓRIAS DO SENHOR DE SCHNABELEWOPSKI
Heinrich Heine
Tradução, apresentação e notas de Marcelo Backes

EU VI UM NOVO MUNDO NASCER
John Reed
Tradução e apresentação de Luiz Bernardo Pericás

MÉXICO INSURGENTE
John Reed
Tradução de Luiz Bernardo Pericás e Mary Amazonas Leite de Barros

OS DEUSES TÊM SEDE
Anatole France
Tradução de Daniela Jinkings e Cristina Murachco
Prefácio de Marcelo Coelho

O TACÃO DE FERRO
Jack London
Tradução de Afonso Teixeira Filho
Prefácio de Anatole France
Posfácio de Leon Trotski

TEMPOS DIFÍCEIS
Charles Dickens
Tradução de José Baltazar Pereira Júnior
Orelha de Daniel Puglia

STENDHAL

NAPOLEÃO

Copyright desta edição © Boitempo Editorial, 2002

Título original	*Mémoires sur Napoleón*
Indicação editorial	Paulo Henrique Martinez
Apresentação	Renato Janine Ribeiro
Tradução	Eduardo Brandão
	Kátia Rossini
Preparação	Célia Tavares
Revisão	Maria Luiza Simões
	Marcio Guimarães
	Alice Kobayashi
Capa	João Baptista da Costa Aguiar
	(*sobre* Napoleão Primeiro Cônsul, *tela de Ingres; Museu de Belas Artes, Liège*)
Projeto gráfico	Silvia Regina E. Almeida
Diagramação	Yumi Saneshigue
Coordenação de produção	Juliana Brandt
Assistência de produção	Livia Viganó
Gravura da página 3	*Auguste Raffet (Biblioteca Nacional de Paris)*

CIP-BRASIL. CATALOGAÇÃO-NA-FONTE
SINDICATO NACIONAL DOS EDITORES DE LIVROS, RJ

S85n

Stendhal, 1783-1842
Napoleão / Stendhal ; tradução Eduardo Brandão, Kátia Rossini. - 1. ed., 5 reimpr. - São Paulo : Boitempo, 2016.
(Clássicos Boitempo)

Tradução de: Mémoires sur Napoleón
ISBN 978-858-593-402-6

1. Napoleão I, Imperador dos franceses, 1769-1821. 2. Guerras napoleônicas, 1800-1815. 3. Imperadores - França - Biografia. 4. França - História - Consulado e Império, 1799-1815. 5. Europa - História - 1789-1815. I. Título. II. Série.

16-31100
CDD: 940.274
CDU: 94(44)

É vedada a reprodução de qualquer
parte deste livro sem a expressa autorização da editora.

1ª edição: agosto de 1995; 6ª reimpressão: abril de 2025

BOITEMPO
Jinkings Editores Associados Ltda.
Rua Pereira Leite, 373
05442-000 São Paulo SP
Tel.: (11) 3875-7250 / 3875-7285
editor@boitempoeditorial.com.br | boitempoeditorial.com.br
blogdaboitempo.com.br | youtube.com/tvboitempo

UMA PAIXÃO DIFÍCIL

Renato Janine Ribeiro

Não é simples a relação de Stendhal com Napoleão. Afinal, nosso autor, que nasceu com o nome de Henri Beyle, sempre sentiu alguma simpatia pelo radicalismo político, a começar por seus tenros anos, quando, na repressão que a Revolução Francesa deslanchou contra os partidários da realeza, ele via a queda dos "tiranos" a quem detestava na própria família[1]. Em Napoleão, ele enxergará muitas vezes o restaurador da monarquia, como se vê pelo fato de chamá-lo de "Monck", o nome do general inglês que promoveu a volta da família Stuart ao trono em 1660, ou pela seguinte passagem de seus cadernos de anotações, em que expressa seu asco ante a sagração do Imperador:

> Passei todo o dia meditando sobre essa aliança, tão evidente, de todos os charlatães. A religião que vinha consagrar a tirania, e tudo isso em nome da felicidade dos homens. Limpei a boca lendo um pouco da prosa de Alfieri [2].

São, porém, relações complexas. Um parente próximo seu por afinidade é o conde Pierre Daru, que ocuparia os mais altos postos na administração napoleônica, entre eles o de intendente-geral do Grande Exército. Graças a ele, Stendhal conseguiu

---
[1] Cf. sua quase-autobiografia, *Vida de Henry Brulard*.
[2] Anotação de 9 de dezembro de 1804, poucos dias após a consagração do imperador na igreja de Notre-Dame. Cf. Victor del Litto, prefácio a *Napoléon*, Lausanne, ed. Rencontre, s/d, p. 10.
 Vittorio Alfieri (1749-1803), a quem Stendhal admirava, é o poeta trágico italiano que, marcado pelos filósofos franceses e pelo Estado de direito inglês, atacou a tirania, num tratado célebre de 1777, e saudou a queda da Bastilha com uma ode.

alguns empregos — nenhum deles relevante, mas que de qualquer forma o aproximavam da burocracia imperial, de modo que poderia aspirar, tivesse o regime perdurado, ao governo ("préfecture") de um dos departamentos nos quais a França se divide geograficamente. Nem por isso ele perdeu suas simpatias radicais, que podemos assim expressar: em 1811, ele comenta que a "energia" se encontra sobretudo naquelas classes da sociedade que lutam com "as verdadeiras necessidades", ou seja, os mais pobres; por outro lado, confessa mais de uma vez que sente a maior simpatia pelos miseráveis, mas que seu prazer depende de freqüentar *la bonne compagnie*, a sociedade dos mais cultos e ricos. Esse paradoxo ele expõe de forma absolutamente honesta e franca, sendo um homem que aprecia as artes e a delicadeza nas maneiras — que não se encontram entre os pobres —, mas ao mesmo tempo nutre absoluto horror pela opressão e a injustiça. Talvez, aliás, a contradição não resida em Stendhal, mas no próprio mundo em que vive, e no qual o horror à indelicadeza e à injustiça tem de se fracionar e mesmo cindir, quando, a rigor, é um único e mesmo movimento que leva Stendhal a exigir, das relações sociais microscópicas, que sejam refinadas, das relações macroscópicas, que sejam justas.

Um único movimento ou não, o fato é que deixa reticências quanto ao imperador. Napoleão reprimiu os republicanos e os democratas, instaurou uma nova monarquia, à qual, porém, faltava o requinte da antiga: leiam-se adiante as páginas sobre o modo como ele consumia as mulheres de sua corte, ou a simples dificuldade de *falar* que ocorria à sua volta. Em outro lugar, Stendhal faz uma análise brilhante, por sinal retomada por Taine, sobre o advento da sociabilidade moderna, da *arte da conversação*, que se deu na corte de Luís XIV: cortesãos forçados a passar dez a doze horas por dia à volta do rei ou aprenderiam a ter uma conversa agradável para preencher o tempo, ou morreriam de tédio. Na falta das armas, na inação forçada do cortesão, a linguagem haveria de florescer. Ora, é esta linguagem repleta de pequenos nadas que Napoleão bloqueia. E é ela que torna a vida agradável (que lhe confere a delicadeza a que antes nos referíamos). Temos, então, um imperador a quem falta o cuidado das maneiras na sociabilidade imediata (a vantagem da velha sociedade), e que restabelecendo a hierarquia monárquica se afasta da preocupação em instituir a liberdade, a igualdade e a fraternidade entre os homens (o mérito de uma nova sociedade, voltada para a justiça). Difícil gostar de Napoleão, para Stendhal.

***

Mas há outro lado. Em primeiro lugar, Napoleão é, para nosso escritor, uma paixão sobretudo retrospectiva. Será apreciado à medida que deslizar para fora do horizonte: desterrado em Santa Helena, constitui-se em torno dele uma mitologia que realça seus traços revolucionários, apocalípticos mesmo, em detrimento de seus compromissos, de seu conservadorismo ou do espírito autoritário. Não é à toa que Julien Sorel, em *O vermelho e o negro*, lê com tanta avidez o *Memorial de Santa Helena*, que Las Cases escrevera, reunindo as falas do imperador banido no meio do Atlântico. Mas também não é por acaso que Julien reúne quase numa só figura Napoleão e Danton ("Danton fez bem em roubar? O homem que deseja expulsar a ignorância e o crime da terra deverá passar por ela como a tempestade, e fazer o mal quase que por acaso?", pergunta ele a Matilde de la Mole, apavorando e apaixonando a moça de sangue dos mais nobres da França[3]). O imperador é o *condottiere* dos tempos modernos, que em seu vigor tem mais os traços da Revolução que os do Império.

É, em suma, o general Bonaparte. Em 1839, nas primeiras páginas de *A cartuxa de Parma*, Stendhal delineia Milão às vésperas da entrada dos franceses, em 1796: o vigor, tão caro aos italianos, a paixão, tão forte na península (leiam-se as *Crônicas italianas*), se perderam em trezentos anos de dominação espanhola e austríaca. Mas, com a chegada do exército francês tudo muda, e em poucos dias, sabendo que o governador da cidade, um arquiduque austríaco, especulara com o trigo enquanto o povo a quem ele governava passava fome, um jovem pintor — o futuro barão Gros — rabisca numa mesa de café a figura de um soldado francês espetando com a baioneta a barriga de um príncipe Habsburgo — de cujo ventre sai, não sangue, mas trigo. "O desenho deixado por Gros na mesa do café dos *Servi* pareceu um milagre caído do céu; foi gravado durante a noite, e no dia seguinte vendeu vinte mil exem-

---
[3] *O vermelho e o negro*, parte II, cap. 9, in fine.

plares". Essa arte desconhecida em Milão, a da caricatura, fez mais do que qualquer discurso para acabar, no espírito dos lombardos, com o respeito que poderiam sentir pela velha potência imperial. Ora, que é esse exército que liberta Milão? "Estes soldados franceses riam e cantavam o dia inteiro; tinham menos de vinte e cinco anos, e seu general comandante em chefe, que tinha vinte e sete, passava por ser o homem mais velho de todo o exército"[4]: Napoleão Bonaparte.

Assim, o Napoleão que fica, para Stendhal, é mais o libertador do que o conquistador. ... aquele que explode as velhas hierarquias, traz a Declaração dos Direitos do Homem e mais tarde o Código Civil a países onde só vigorava o arbítrio, em suma, é o homem que quando diz, ao dar seu golpe de 18 Brumário do ano VIII, que "a revolução *est finie*", com isso talvez não quisesse dizer que ela "acabou", mas que ela "está completada"[5]. Dele, o que fica é a melhor memória; de alguém que se enganou, ao confiar demais na velha nobreza, mas que, ao recuar nos ideais revolucionários, não os traía (ao contrário do inglês Monck), e sim fazia os compromissos necessários para consolidar, deles, o que era essencial.

Não basta isso, porém: as razões para Stendhal simpatizar com Napoleão *a posteriori* não são apenas factuais; não é apenas porque o general-imperador fracassou, e portanto merece a simpatia idealizada que tributamos a quem foi esmagado pela lei férrea do mundo, ou porque, falindo como os populistas latino-americanos do século XX em suas tentativas de fazer acordo com os antigos dominantes, como eles se vê erguido, pelos deserdados, à condição de mito, como uma espécie de messias sacrificado pela ganância do velho mundo. Há também razões internas de peso para a simpatia que cresce em favor do desterrado em Santa Helena. Elas se resumem numa palavra só: *energia*.

Se há um conceito-chave nessa vasta obra literária que nos deixou Stendhal, ou, melhor dizendo, se é possível buscar, por trás da criação propriamente literária ou em seu próprio seio, uma teoria — o que suscita questões complexas, as das

---

[4] *A cartuxa de Parma*, parte I, cap. 1.
[5] Cf. a Proclamação dos Cônsules da República Francesa, dos quais o primeiro era o general Napoleão Bonaparte, em 24 frimário do ano VIII (15 de dezembro de 1799), que assim se encerra: "... Cidadãos, a Revolução está fixada nos princípios que lhe deram início: *elle est finie*".

relações entre a filosofia e a literatura, e seus respectivos discursos —, este conceito será certamente o de energia. Stendhal nunca chega a defini-lo — nem isso é sua obrigação, não sendo ele exatamente[6] um teórico —, mas o termo freqüenta de forma quase obsessiva sua obra. Assim, nas *Crônicas italianas* se celebra a intensidade da energia além-Alpes, naqueles Estados em que tudo é paixão, isto é, a um só tempo preconceito (a paixão como *menos* que a razão, como *menos* que a liberdade trazida pela Revolução Francesa) e liberdade (dos sentimentos, portanto, a paixão como *mais* que a morosidade e a apatia advindas da civilização moderna). No *Vermelho e o negro*, constantemente lemos a perda da energia na sociedade da Restauração, na qual, diz-nos o autor, de nada brilhante se pode falar em público, exceto, apenas, a música de Rossini: todo o restante (para utilizar uma expressão do príncipe Ernesto Ranúcio IV, na *Cartuxa*) que tenha um mínimo de espírito já recende a subversão, todo homem inteligente é "o primo-irmão de Voltaire e Rousseau"[7]. Ainda no *Vermelho*, Julien é homem de máxima energia — daí, seu sucesso e sua agonia —, e os heróis que recorda, sonhadora, a jovem Matilde são dois homens de extrema energia, mas da época da Renascença, Bonifácio de la Mole e seu amigo Aníbal de Coconasso, executados por paixão e heroísmo. E a *Cartuxa* é outra obra na qual a Restauração aparece como tempo mais fraco, em que se perde energia, se comparado àquele *tempo forte* que foi a Revolução, com suas repercussões italianas.

---

[6] O "exatamente" estabelece uma ressalva. Há, em Stendhal, um interesse de conhecimento que o aproxima várias vezes da teoria. Isto se nota, por exemplo, em seu "livro de ideologia", *Do amor*. "Ideologia", aqui, nada tem a ver com o sentido que Marx depois conferirá a esse termo, significando apenas, como quis Destutt de Tracy, o filósofo que o cunhou, a ciência que examina como se gestam as idéias (e, no caso do amor, os sentimentos — acrescenta Stendhal).

Por outro lado, é difícil estabelecer um corte radical entre um artigo como "A comédia é impossível em 1836", em que Stendhal analisa os costumes de seu tempo, e algumas das *Crônicas italianas*, nas quais temos uma discussão do modo como funcionava a energia na Itália, de forma mais intensa durante a Renascença, mas ainda em grau significativo na época em que nosso autor as escrevia.

[7] "... um homem de espírito bem pode seguir os melhores princípios e mesmo de boa-fé, por algum lado ele sempre continua sendo primo-irmão de Voltaire e Rousseau". *Cartuxa*, parte I, cap. 7.

Assim, o contraponto *energia* — *falta de energia* em boa medida recobre o par de opostos *Revolução* (incluindo Napoleão enquanto general ou libertador) — *reação*. Stendhal, porém, percebe que é exatamente na Itália — sua pátria de adoção, sua pátria de coração (ele mandou fazer para si uma lápide em que se dizia "milanês"[8]) — que esse recorte deixa de fazer tanto sentido. Ali, a paixão é mais ou menos proporcional ao preconceito. A liberdade de sentimentos não cresce exatamente com as luzes (aqui, o equívoco de Lukács quando associa, entendo que em demasia, Stendhal ao iluminismo[9]: ele é um iluminista, sim, mas com uma enorme ressalva, esta que ora apontamos). A razão, as liberdades políticas, a remoção dos entraves à liberdade econômica, tudo isso que Stendhal aprecia na política, não engendram necessária ou automaticamente um aumento ou uma libertação da energia. Este é, sem dúvida, o grande problema que se coloca à reflexão de nosso autor, e que o faz sonhar, de vez em quando, com um general peruano ou uma revolução pernambucana, que talvez proporcionem a solução que nem Napoleão, nem a monarquia de 1830, trouxeram à velha Europa.

Nesse sonho sul-americano existe, a meu ver, uma transposição para o Novo Mundo das esperanças de vida que a Itália suscitava e das expectativas de política e cultura que a França trazia, mas que no Velho Mundo não chegavam a uma síntese satisfatória para nosso autor. Quem sabe a síntese não viria do Novo Mundo? Em 10 de junho de 1817, Stendhal escreve, ao ficar sabendo que Pernambuco se revoltava contra a coroa portuguesa:

---

[8] "Arrigo Beyle Milanese".
[9] "... a atitude de Stendhal diante do romantismo é absolutamente negativa. Na sua concepção do mundo, ele é um grande seguidor plenamente consciente da filosofia do Iluminismo. [...] Stendhal, por exemplo, não aconselha a um escritor principiante a leitura de autores modernos. Para escrever bem em francês, sugere-lhes consultar obras anteriores a 1700; em seguida, para que se apropriem da faculdade de pensar de maneira justa, ele recomenda estudarem o livro de Helvétius, *De l'esprit*, e Bentham." (Georg Lukács, "A polêmica entre Balzac e Stendhal", in *Ensaios sobre literatura*, Rio de Janeiro, Civilização Brasileira, 1965, trad. Leandro Konder, pp. 118-19).

Desnecessário esclarecer que não é só Lukács quem afirma o caráter ilustrado de Stendhal, e que nosso reparo é apenas pontual: seria absurdo negar a simpatia do autor pela Filosofia das Luzes. Só que ele tem perfeita noção do paradoxo a que aludimos.

A admirável insurreição do Br[asil], talvez a maior coisa que possa acontecer, me proporciona as idéias seguintes:
1. A liberdade é como a peste. Enquanto não se lançou ao mar o último dos empesteados, nada se fez [contra ela].
2. O único remédio contra a liberdade são as concessões. Mas é preciso empregar esse remédio em tempo: veja-se [o caso de] Luís XVIII.
Não há lordes, nem brumas, no Brasil.[10]

Treze anos mais tarde, no *Vermelho e o negro*, Stendhal fará o conde Altamira, revolucionário condenado à morte em seu país, a Espanha, deixar "a mais sedutora pessoa do baile" (Matilde de la Mole) para ir cortejar um general peruano — seguramente, uma evocação de Bolívar ou, quem sabe, San Martín: "Perdendo toda esperança na Europa, o pobre Altamira se sentia reduzido a pensar que, quando os Estados da América meridional forem fortes e poderosos, poderão devolver à Europa a liberdade que Mirabeau lhes enviou" (Parte II, cap. 8). É o mesmo imaginário que fazia o romancista-viajante depositar num general libertador, avatar longínquo dos *condottieri* da Revolução — e entre eles Bonaparte —, a esperança de uma transformação do mundo que a Europa enervada, privada de energia, não parece mais capaz de propor. Evidentemente, essa América do Sul que cintila raras vezes na obra de Stendhal é concebida, em boa parte, segundo o modelo italiano. Mas o que mais importa é que nela aparece essa possibilidade de uma energia que ressoe, a um tempo, nos afetos e na política, tanto na sociabilidade próxima e eventualmente relaxada quanto na organização do social e da pólis.

Porque, para concluir, a França daquela época está carente de energia. A Restauração é um período em que as carreiras se bloqueiam aos jovens; o tema de uma mocidade sem futuro recorre nos escritores. O poder faz-se velho. Aqueles que, em 1789, zombavam de sua própria sociedade dão-se agora conta de que dançavam sobre um vulcão. É errado dizer, por exemplo, que poucos anos antes da Revolução Francesa a mais alta nobreza,

---

[10] *Thoughts for my tour throughout Italy and France*, datados de 10 de junho de 1817. São duas páginas que acabaram ficando fora do livro a que deveriam pertencer, isto é, *Roma, Nápoles e Florença em 1817*, uma das primeiras obras de Stendhal. A citação encontra-se à p. 175 da ed. Pléiade de *Voyages en Italie* (Paris, 1973).

incluindo nela o conde de Artois, irmão do rei Luís XVI e ele mesmo mais tarde rei reacionaríssimo com o nome de Carlos X (1824-1830), fazia ler em seus palácios uma peça proibida como *As bodas de Fígaro*, de Beaumarchais[11], sem perceber que a crítica nela inscrita à nobreza portava um veneno que feria de morte o próprio regime; mas é errado, apenas, porque esse "antes" supõe que estivéssemos numa contagem regressiva: que desde sempre estivesse fixado, na História, um momento em que ocorreria a Revolução Francesa. Os nobres que se divertiam com Beaumarchais riam justamente porque seu poder parecia assentado por todo o sempre, e por isso podiam aceitar a brincadeira: o riso era anódino. Depois da Revolução, porém, eles começam a perceber os fatos segundo uma lógica que se aproxima daquela que criticamos, a do "antes", pela qual, se não enunciam uma necessidade inevitável da Revolução, pelo menos afirmam uma causalidade, que daquela antiga vida alegre e sentimentalmente livre (a *douceur de vivre* de que fala Talleyrand) deduz o cortejo de desgraças que mais tarde se abateu sobre a realeza e a aristocracia. E essa lógica associa, como vimos na frase de Ernesto Ranúcio de Parma, o *esprit* (a inteligência viva e vivaz), a juventude e a subversão. O século será "moral", como reclama Julien no *Vermelho*[12], será repressor: terá medo, podemos dizer, da energia — ou seja, da vida. Por isso não pode suportar mais Napoleão, mas também é por isso que nosso autor, retendo do imperador suas melhores formas, sua melhor lembrança, pode apreciá-lo e mesmo elogiá-lo.

Sete Praias, março de 1995.

---

[11] A proibição durou de 1782 a 1784.
[12] Ao visitar a marechala de Fervaques, Julien Sorel percebe que ela mandara apagar nos quadros de seu salão certas partes que lhe pareciam pouco decentes. "*Século moral!*, pensou ele" (*O vermelho e o negro*, parte II, cap. 27).

NOTA DO EDITOR

Fascinado pela figura de Napoleão, Stendhal se dedicou por duas vezes a escrever a história do imperador. A primeira dessas tentativas resultou no *Vie de Napoléon*, volume escrito em Milão, entre 1817 e 1818; a segunda, em *Mémoires sur Napoleón*, escrito em Paris, entre 1836 e 1837.

Vie de Napoléon surgiu depois que Stendhal leu um artigo ('Letters from St. Helena') na revista escocesa *Edinburgh-Review*, de dezembro de 1816, sobre a vida pública de Napoleão. Utilizando-se inicialmente de trechos extraídos da *Edinburgh-Review*, o autor se propôs a realizar uma obra de historiador. Não conseguindo, entretanto, evitar uma abordagem partidarizada, renunciou ao projeto.

A idéia de escrever a vida de Napoleão foi retomada dezoito anos depois, em novembro de 1836, quando Stendhal estava de férias em Paris. É assim que surge *Mémoires sur Napoléon*, o livro que ora editamos.

Pensadas para seis volumes, as *Mémoires* acabaram por ter apenas três concluídos (publicados pela primeira vez em 1876, por Romain Colomb, com o título *Vie de Napoléon Bonaparte - Fragments*). No ano seguinte (1837), Stendhal abandonaria novamente a idéia de escrever a história definitiva de Napoleão.

Desnecessário, portanto, dizer que esta obra é incompleta. O autor anuncia que tratará de temas que não chega a abordar, anuncia que transcreverá relatos não encontrados entre suas anotações.

O valor deste texto de Stendhal não reside, porém, no fato de ser uma biografia a mais de Napoleão. Por esse ângulo, pecaria pela incompletude. Mas o talento singular do autor para analisar a personalidade humana (sendo considerado por muitos um homem acima de seu tempo), seu estilo literário harmonioso e conciso, e, principalmente, o fato de ele ter sido contemporâneo da personagem que biografa, aproximam o leitor dos dilemas vividos há duzentos anos e fazem esta reedição valer a pena — não só para os admiradores do escritor, mas também para os da marcante figura histórica que ele resgata.

PREFÁCIO

De 1806 a 1814 vivi em uma sociedade em que as ações do imperador constituíam o centro das atenções. Durante uma parte desse tempo estive ligado à corte desse grande homem e via-o duas ou três vezes por semana.
(H. B.)

Fu vera gloria?
Ai posteri l'ardua sentenza.
(MANZONI, Ode a Napoleão.)

Um homem teve a oportunidade de entrever Napoleão em Saint-Cloud, em Marengo, em Moscou; agora escreve a sua vida, sem nenhuma pretensão à beleza de estilo. Esse homem detesta a ênfase como irmã da hipocrisia, vício em moda no século XIX.

Só os pequenos talentos podem gostar da mentira que os favorece; quanto mais a verdade for conhecida por inteiro, maior Napoleão será.

O autor empregará quase sempre as próprias palavras de Napoleão para os relatos militares. O mesmo homem que realizou, conta. Que sorte para a curiosidade dos séculos vindouros! Quem, depois de Napoleão, ousaria contar a batalha de Arcole?

Todavia, inteiramente absorvido em seu relato, o autor estava embriagado por esse tema magnífico, e supondo, como as pessoas apaixonadas, que todo o mundo deveria compreendê-lo, às vezes por meias-palavras, ele torna-se obscuro. Foram então dados os esclarecimentos necessários, antes do admirável relato de Napoleão. O autor encontrou-os entre suas lembranças.

Na qualidade de soberano, Napoleão escritor mente com freqüência. Algumas vezes o coração do grande homem despese da carcaça imperial; mas sempre se arrependeu de ter escrito a verdade e, de tempos em tempos, de tê-la dito. Em Santa Helena, preparava o trono de seu filho, ou um segundo retorno, como o da ilha de Elba. Tentei não me deixar enganar.

Em relação às coisas que viu ou acredita serem verdadeiras, o autor prefere empregar as palavras de uma outra testemunha a procurar construir por si mesmo uma narrativa.

Eu não digo de certos personagens tudo o que sei de ruim a seu respeito; não é absolutamente minha intenção fazer destas memórias uma aula de conhecimentos sobre o coração humano.

Escrevo esta história tal como gostaria de encontrá-la escrita por um outro, sem considerar o talento. Meu objetivo é tornar conhecido esse homem extraordinário, que amei quando vivo e estimo agora, com todo o desprezo que me inspira o que veio depois dele.

Contando com a inteligência do leitor, não fecho em absoluto todas as portas à crítica; os hipócritas provavelmente me acusarão de falta de moral, o que em nada aumentará a dose de desprezo que tenho por essa gente.

Não há em Paris opinião pública sobre as coisas contemporâneas; há apenas uma série de deslumbramentos que se destroem como uma onda do mar desfaz a onda precedente.

O povo, que Napoleão civilizou tornando-o proprietário e conferindo-lhe a mesma cruz que a um marechal, julga-o com o coração, e acredito firmemente que a posteridade confirmará o juízo popular. Quanto aos julgamentos dos salões, suponho que mudarão a cada dez anos, como vi acontecer na Itália em relação a Dante, tão desprezado em 1800 quanto é adorado agora.

A arte de mentir cresceu de forma singular nos últimos anos. Não exprimem mais a mentira em termos explícitos, como no tempo de nossos pais; mas produzem-na por meio de formas de linguagem vagas e genéricas, difíceis de serem reprovadas e, sobretudo, refutadas em poucas palavras. Quanto a mim, tomo em quatro ou cinco autores diferentes quatro ou cinco pequenos fatos; em lugar de resumi-los em uma frase genérica, na qual eu poderia introduzir *nuanças mentirosas*, reproduzo pequenos fatos, empregando, na medida do possível, as mesmas palavras dos autores originais.

Todo o mundo admite que o homem que conta deve *dizer claramente a verdade*. Mas para isso é preciso ter coragem de descer aos mínimos detalhes. Parece-me ser esse o único meio de responder à desconfiança do leitor. Longe de temer esta desconfiança, desejo-a e solicito-a de todo o meu coração.

Em vista da mentira em voga, a posteridade só poderá fiar-se nos historiadores contemporâneos. É possível sentir num homem o tom da verdade. Aliás, dez anos após a morte de Napoleão, o grupo que o apoiava dissolve-se, e o que lhe sucede coloca a verdade desse escritor entre aquelas verdades indiferentes que é preciso admitir para ganhar crédito e poder mentir com algum sucesso a respeito de tudo o mais.

Antes de 1810, quando um escritor mentia, era por efeito de uma paixão que se traía e que era fácil perceber. A partir de 1812 e, sobretudo, de 1830, mente-se a sangue-frio para conseguir uma boa colocação; ou, quando se tem do que viver, para obter uma opinião favorável nos salões.

Quantas coisas falsas ditas sobre Napoleão! Não foi o senhor Chateaubriand que pretendeu que ele não tinha bravura pessoal e que, aliás, chamava-se Nicolas? O que fará o historiador de 1860 para se defender de todos os falsos artigos que, a cada mês, enfeitam as "Revistas" de 1837? O escritor que viu a entrada de Napoleão em Berlim em 27 de outubro de 1806, que o viu em Wagram, que o viu marchando com um bastão na mão na retirada da Rússia, que o viu no Conselho de Estado, se tiver a coragem de dizer a verdade *a respeito de tudo*, mesmo desfavorável a seu herói, terá algum mérito.

Quando, para minha infelicidade, me ocorrer uma opinião que não faça parte do credo literário ou político do público de 1837, longe de ocultá-la sabiamente, eu a confessarei da maneira mais clara e mais crua. A crueza, eu sei, é um defeito de estilo; mas a hipocrisia é um defeito de conduta, tão predominante em nossos dias que é preciso precaver-se com todos os recursos para não ser envolvido por ela.

A arte de mentir floresceu sobretudo com a ajuda do belo estilo acadêmico e das perífrases ditadas, ao que se diz, pela elegância. Quanto a mim, sustento que são ditadas pela prudência do autor que, em geral, quer fazer da literatura um trampolim para algo melhor.

Peço então ao leitor que perdoe o estilo mais simples e menos elegante; o estilo do século XVII, o estilo de Sacy, tradutor das cartas de Plínio; do abade Mongault, tradutor de Hérodien. Parece-me que sempre terei a coragem de escolher a palavra deselegante, quando ela conferir uma nuança a mais à idéia.

Ao ler a história da Antigüidade na juventude, a maior parte dos corações capazes de se entusiasmar toma partido dos romanos e chora suas derrotas; e tudo isso malgrado as injustiças e a tirania para com seus aliados. Por um sentimento da mesma natureza, não se pode mais amar um outro general depois de ter visto Napoleão agir. Sempre se encontra nas palavras alheias algo de hipócrita, de afetado, de exagerado, que mata a inclinação nascente. O amor por Napoleão é a única paixão que me restou, o que não me impede de ver os defeitos de seu espírito e as miseráveis fraquezas que lhe podem censurar.

Agora que está prevenido, malévolo leitor, e que sabe com que rústico desprovido de graça, ou antes, com que ingênuo sem ambição está tratando, se ainda não fechou o livro, permitir-me-ei discutir uma questão.

Bons críticos asseguraram-me que somente daqui a vinte ou trinta anos se poderá publicar uma história razoável de Napoleão. Então, as memórias de Talleyrand, do duque de Bassano e de tantos outros terão sido publicadas e julgadas. A opinião definitiva da posteridade sobre esse grande homem terá começado a se manifestar; a inveja da classe nobre, se é que não passa de inveja, terá cessado. Agora muita gente recomendável ainda se vangloria de chamar Napoleão de *Monsieur de Buonaparté.*

O escritor de 1860 terá muitas vantagens; todas as tolices que o tempo destrói não chegarão até ele. Mas lhe faltará o mérito inestimável de ter conhecido seu herói, de tê-lo ouvido falar três ou quatro horas sobre cada jornada. Eu tinha um cargo na sua corte, nela vivi; segui o imperador em todas as suas guerras, participei da administração dos países conquistados e passei minha vida na intimidade de um de seus ministros mais influentes. É por isso que me atrevo a elevar a voz e apresentar um pequeno resumo *provisório,* que poderá ser lido até que apareça a verdadeira história, por volta de 1860 ou 1880. O ofício do curioso é ler livros insípidos, que falam mal de uma coisa que nos interessa.

Achei que devia desenvolver bastante a parte referente à campanha da Itália, de 1796 e 1797. Era o *début* de Napoleão. A meu ver, ela, melhor que qualquer outra, revela seu gênio militar tanto como seu caráter. Quem se dispuser a considerar a exigüidade dos meios, a magnífica defesa da Áustria e a desconfiança que tem de si mesmo todo homem que começa, por maior que se queira considerá-lo, chegará à conclusão de que talvez seja essa a mais bela campanha de Napoleão. Enfim, em 1797 podia-se amá-lo com paixão e sem restrição; ele ainda não tinha roubado a liberdade de seu país; nada tão grande aparecera havia séculos.

Tive oportunidade de analisar *in loco* a campanha da Itália; o regimento no qual eu servia em 1800 deteve-se em Cherasco, Lodi, Crema, Castiglione, Goito, Pádua, Vicenza, etc. Visitei, com todo o entusiasmo de um jovem, e logo após a campanha de 1796, quase todos os campos de batalha de Napoleão; percorri-os com soldados que haviam combatido sob suas ordens e com jovens nativos, maravilhados com sua glória. As reflexões desses jovens revelavam muito bem as idéias que ele tinha conseguido passar aos povos. Os vestígios de seus combates eram evidentes no campo, nas cidades, e ainda hoje os muros de Lodi, Lonato, Rivoli, Arcole, Verona, estão crivados de balas francesas. Freqüentemente acontecia-me ouvir esta bela exclamação: "E então podíamos nos revoltar contra vocês, que nos chamavam de volta à vida!".

Alojei-me por boleto[1] em casa dos mais ardentes patriotas; por exemplo, na casa de um cônego de Reggio, que me contou toda a história contemporânea do país. Peço, portanto, ao leitor, que não se espante com o número de páginas dedicadas à campanha da Itália; assisti às da Alemanha e de Moscou, mas falarei sobre elas de forma menos prolongada.

O manuscrito que ofereço ao público foi iniciado em 1816. Então, eu ouvia todo o dia dizerem que *Monsieur de Buonaparté* era feroz, covarde, não se chamava Napoleão mas Nicolas, etc. etc. Escrevi um pequeno livro narrando apenas as campanhas que acompanhei; mas todos os livreiros a quem dele falei ficaram com medo. Eu admitia os erros de Napoleão; foi sobretudo por isso que as pessoas que procuram enriquecer imprimindo as

---
[1] Ordem escrita ou requisição para que determinada pessoa dê alojamento a militares. (N. do E.)

idéias alheias conceberam um inefável desprezo por mim. É quase certo o risco de se haver com o procurador do rei, diziam esses senhores; para compensá-lo, seria necessário ao menos contar com o partido bonapartista. Ora, esse partido tem muita gente boa, mas pouco habituada a ler. Quando virem censurar seu herói, concluirão que o autor pretende um posto na Congregação.

Eu nada tinha a responder a semelhante argumento, de modo que não pensei mais no assunto. Em 1828, achando-me sozinho no campo com esse manuscrito, reli-o; e como, passados doze anos, eu via contestarem os fatos mais notórios, como chegavam a negar rotundamente as batalhas (Botta nega Lonato), decidi narrar os fatos claramente, isto é, longamente.

Acredito de forma quase instintiva que todo homem poderoso mente ao falar e, com maior razão, ao escrever. Todavia, devido ao entusiasmo pelo *belo ideal militar,* Napoleão disse a verdade com freqüência nos poucos relatos de batalha que nos deixou. Admiti esses relatos sobre a campanha da Itália, precedendo-os de um pequeno sumário, que basta para estabelecer a verdade, sobretudo aquela parte da verdade negligenciada pelo autor. Como privar-nos voluntariamente de relatos tão apaixonados?

Admiti-os sobretudo porque meu objetivo é tornar conhecido esse homem extraordinário. Quanto a escrever a história da França de 1800 a 1815, não tenho sobre isso a menor pretensão.

Acabo de eliminar muitas frases que soavam mal, neste manuscrito de 1828. Mas, ao evitar ir inutilmente de encontro às pessoas que não partilham a minha opinião, caí, como Calpigi, em um inconveniente bem pior: *quero e não quero.* A gente de bom-tom alia, no momento atual, um sentimento e uma função que travam entre si uma guerra cruel: ela tem medo do retorno dos horrores de 1793 e, ao mesmo tempo, é juíza soberana da literatura.

Viu-se nos clubes, durante a Revolução, que toda sociedade temerosa é, sem saber, conduzida e dominada por aqueles dentre seus membros que têm o mínimo de conhecimentos e o máximo de loucura. Em todos os partidos, quanto mais inteligente for um homem, menos partidário será, sobretudo se o questionarmos face a face. Mas, em público, para não *perder sua casta,* ele concordará com os mentores. Ora, que dirão os mentores do presente ensaio histórico? Nada, ou muito mal. Assim, eu gostaria de ser julgado pela gente de bom-tom, que não poderá ler a obra que segue sem chocar seu mais íntimo aliado, aquele que lhe prometeu tornar totalmente impossível esse funesto retorno de 1793.

Em vão eu repetiria: "Senhores, esse retorno supera os limites do possível; para convencerem-se disso basta comparar a humanidade e generosidade do povo parisiense, durante os três dias de 1830, com a fúria cega demonstrada pelas classes baixas de 1789, na ocasião da tomada da Bastilha. Nada mais simples: em 1789 tinha-se um povo corrompido pela monarquia, Pompadour, Du Barry e Richelieu, e marchamos, em 1837, ao lado de um povo de trabalhadores que sabe que pode conquistar a cruz da Legião de Honra. Não há um trabalhador que não tenha um primo proprietário ou legionário. Napoleão recuperou o moral do povo francês, essa é sua maior glória. Seus meios foram a divisão igualitária dos bens do pai de família entre os filhos (benefício da Revolução) e a cruz da Legião de Honra, que encontramos nas oficinas sobre a veste do mais simples operário". Mas de que adianta argumentar com o medo? Quem poderia persuadi-lo? É um vivo sentimento. Ora, diante de um interesse apaixonado, o da existência, o que pode o vão interesse da literatura e das belas-artes? Se não se falasse de livros durante cinqüenta anos, não teríamos mais jacobinos.

Como escrever a vida de Napoleão sem tocar, mesmo que involuntariamente, em algumas dessas quatro ou cinco grandes verdades — os direitos do nascimento, o direito divino dos reis, etc. etc. — sobre as quais algumas pessoas decidiram que só elas podem falar?

Não existe resposta sensata a essa objeção. Assim, meu leitor, como não quero enganá-lo em relação a nada, sou obrigado a declarar-lhe que tive de renunciar ao sufrágio da gente de bomtom, malgrado todo o apreço que tenho por esse sufrágio.

Todavia, para provar que não sou de todo inimigo das vantagens que podem advir do nascimento, acrescentarei que só poderá julgar nossas bagatelas literárias quem tiver encontrado na herança paterna uma edição das obras de Voltaire, alguns volumes publicados pelos Elzevier[2] e a *Enciclopédia*.

O prefácio de um livro histórico é necessário; ele responde à pergunta: Quem é esse homem que vem fazer-me relatos? Para respondê-la, permito-me os seguintes detalhes:

---

[2] Stendhal refere-se aqui à antiga família Elzevier de livreiros e tipógrafos holandeses dos séculos XVI e XVII. (N. do T.)

Vi pela primeira vez o general Bonaparte dois dias depois de sua passagem por Saint-Bernard. Foi no forte de Bard (em 22 de maio de 1800, há trinta e sete anos, leitor!). Oito ou dez dias depois da batalha de Marengo fui admitido em seu camarote no Scala (grande teatro de Milão), para prestar conta de medidas relativas à ocupação da cidadela de Arona. Assisti à entrada de Napoleão em Berlim (1806), em Moscou (1812), na Silésia (1813). Tive a oportunidade de vê-lo em todas essas ocasiões. Esse grande homem dirigiu-me a palavra, pela primeira vez, em uma revista no Kremlin. Fui honrado com uma longa conversa na Silésia, durante a campanha de 1813. Enfim, em dezembro de 1813, deu-me de viva voz instruções detalhadas a respeito de minha missão em Grenoble, com o senador conde de Saint-Vallier. Por isso, pude rir, em sã consciência, de muitas mentiras.

Como nenhum detalhe verdadeiro parecer-me-á pueril, direi que não sei muito bem se a posteridade chamará esse grande homem de Bonaparte ou de Napoleão; na dúvida, emprego com freqüência o último nome. A glória que ele obteve sob o de Bonaparte parece-me bem mais pura; mas ouço-o ser chamado *Monsieur de Buonaparté* por pessoas que o odeiam e cujos privilégios ele seria o único no mundo a poder garantir; e esse nome, tão grande em 1797, traz-me hoje à mente, muito a contragosto, a lembrança ridícula dos personagens que fingem servir-se dele alterando-o.

Temo que, do ponto de vista da posteridade, os escritores do século XIX tenham um papel semelhante ao dos contemporâneos de Sêneca ou de Claudiano na literatura latina.

Uma das causas dessa decadência é, sem dúvida, a preocupação antiliterária que leva o leitor a procurar em um livro, antes de qualquer coisa, o credo político do autor. Quanto a mim, desejo a manutenção pura e simples do que aí está. Mas meu credo político não irá impedir-me de compreender o de Danton, de Sieyès, de Mirabeau e de Napoleão, verdadeiros fundadores da França atual, grandes homens, sem um só dos quais a França de 1837 não seria o que é.

Abril de 1837.

VIDA DE
NAPOLEÃO BONAPARTE
Fragmentos

CAPÍTULO I

Experimento uma espécie de sentimento religioso ao escrever a primeira frase da história de Napoleão. Trata-se, com efeito, do maior homem que surgiu no mundo depois de César. E, mesmo que o leitor tenha se dado ao trabalho de estudar a vida de César em Suetônio, Cícero, Plutarco e os *Comentários*, arrisco-me a dizer que nós vamos percorrer juntos a vida do homem mais surpreendente depois de Alexandre, a respeito da qual não temos detalhes suficientes para avaliar com justiça a dificuldade de suas empreitadas.

Eu esperava que um dos homens que conviveram com Napoleão se encarregasse de contar sua vida. Esperei mais de vinte anos. Mas, enfim, percebendo que esse grande homem permanece cada vez mais desconhecido, não quis morrer sem revelar a opinião que tinham dele alguns de seus companheiros de armas; pois, em meio a todas as banalidades que se sabe, havia no palácio das Tulherias, então centro do mundo, homens que pensavam livremente.

O entusiasmo pelas virtudes republicanas, provado ainda durante os anos da infância, o desprezo excessivo e até o ódio à maneira de agir dos reis contra os quais lutávamos e mesmo aos costumes militares mais comuns que se viam praticados por suas tropas, deram a muitos de nossos soldados de 1794 o sentimento de que apenas os franceses eram seres razoáveis. Aos nossos olhos, os habitantes do resto da Europa, que lutavam para conservar suas amarras, não passavam de lamentáveis imbecis ou de patifes vendidos aos déspotas que nos atacavam. *Pitt* e *Cobourg*[1], cujos nomes ainda se ouvem algumas vezes, repetidos pelo velho eco da revolução, pareciam-nos os chefes desses velhacos e a personificação de tudo o que há de traiçoeiro e estúpido no mundo. Tudo então estava dominado por um profundo sentimento de que não vejo mais traços. Imagine o leitor, por meio dos livros, se tiver menos de cinqüenta anos, que em 1794 não tínhamos nenhum tipo de religião; nosso sentimento íntimo e verdadeiro resumia-se todo nesta idéia: *ser útil à pátria.*

Todo o resto — roupa, comida, carreira — não passava de um miserável detalhe efêmero a nossos olhos. Como não havia sociedade, o *êxito na sociedade,* coisa tão importante para nosso caráter nacional, não existia.

Na rua nossos olhos enchiam-se de lágrimas ao encontrarem num muro uma inscrição em homenagem ao jovem tambor Bara (que preferiu deixar-se matar aos treze anos a parar de rufar sua caixa, a fim de prevenir uma surpresa). Para nós, que não conhecíamos nenhuma outra grande reunião de homens, havia festas, cerimônias numerosas e tocantes, que nutriam o sentimento que a tudo o mais dominava em nosso coração.

Ele foi nossa única religião. Quando Napoleão apareceu e fez cessar os seguidos desastres a que nos expunha o apático governo do Diretório, vimos nele apenas a *utilidade militar* da ditadura. Ele nos proporcionava vitórias, mas nós julgávamos todos os seus atos pelas regras daquela religião que, desde a nossa primeira infância, fazia bater nosso coração; a única coisa digna de apreço que ela nos fazia ver era a *utilidade à pátria.*

Mais tarde fomos infiéis a essa religião; mas, em todas as grandes ocasiões, assim como a religião católica faz com seus fiéis, ela recuperou o domínio sobre nosso coração.

Com os homens nascidos por volta de 1790 foi bem diferente. Aos quinze anos, em 1805, quando começaram a abrir os olhos, viram como primeiro espetáculo as boinas de veludo ornadas de plumas dos duques e condes, recentemente criados por Napoleão. Mas nós, velhos servidores da pátria, não tínhamos senão desprezo pela ambição pueril e o entusiasmo ridículo dessa nova geração.

---

[1] Primeiro-ministro inglês, William Pitt liderou campanha contra Napoleão, a partir de 1793. Cobourg, general austríaco, também participou de várias campanhas contra a França revolucionária. (N. do E.)

E, entre esses homens que, por assim dizer, moravam nas Tulherias e tinham agora carruagens e, sobre a capota dessas carruagens, lindos brasões, houve muitos que consideraram isso tudo um capricho de Napoleão, e um capricho condenável; os menos ardorosos viam nisso uma fantasia *perigosa*; nem um em cinqüenta acreditava que ela durasse.

Esses homens, bem diferentes dos da geração que chegou aos galões de oficial em 1805, não encontravam a *alacridade* e a felicidade das primeiras campanhas da Itália de 1796, a não ser quando o imperador ia para o exército. Contarei oportunamente a repugnância com que o exército, reunido em Boulogne em 1804, recebeu a primeira distribuição de cruzes da Legião de Honra; mais tarde, falarei do republicanismo e da desgraça de Delmas, de Lecourbe, etc.

Assim, dentro das próprias Tulherias, entre os homens que amavam sinceramente Napoleão, quando se acreditava estar na intimidade, estar ao abrigo das investigações de Savary, havia quem não admitisse outra base para julgar os atos do imperador que a da *utilidade à pátria*. Assim foram Duroc, Lavalette, Lannes e alguns outros; assim teriam sido, soberanamente, Desaix e Cafarelli-Dufalga; e, coisa estranha de dizer, assim era ele mesmo, pois amava a França com toda a fraqueza de um enamorado.

Desse modo foi constantemente a sra. Laetitia, mãe de Napoleão. Essa mulher rara e, pode-se dizer, de um caráter único na França, teve, acima de todos os outros habitantes das Tulherias, a crença firme, sincera e jamais abalada de que a nação acordaria, cedo ou tarde, de que todo o edifício levantado por seu filho desabaria e, desabando, poderia feri-lo.

Aquele grande caráter traz-me, enfim, a meu assunto, que é, agora, a história da infância de Napoleão.

A Córsega é um vasto agregado de montanhas coroadas por florestas primitivas e sulcadas por vales profundos; no fundo desses vales encontra-se um pouco de terra vegetal e algumas comunidades selvagens e pouco numerosas que vivem de castanhas. Essa gente não oferece a imagem de sociedade, mas antes a de um grupo de ermitões reunidos unicamente pela necessidade. Assim, embora paupérrimos, não são avaros e sonham apenas com duas coisas: vingar-se de seu inimigo e amar sua companheira. Dão grande importância à honra, e essa honra é mais razoável que a de

Paris no século XVIII; mas, em contrapartida, sua vaidade é quase tão fácil de ser espicaçada quanto a de um burguês de cidade pequena. Se, quando estão passando por uma estrada, algum de seus inimigos toca a corneta de chifre no alto da montanha vizinha, não há que hesitar: é preciso matar esse homem.

Os vales profundos, separados pelas cristas das altas cadeias de montanhas, formam a divisão natural da ilha da Córsega; são denominadas *pieve*.

Cada *pieve* alimenta algumas famílias influentes, que se detestam cordialmente, coligadas algumas vezes, mais habitualmente inimigas. Quando um perigo comum as ameaça, esquecem-se os ódios por alguns meses; resumindo, são corações ardentes que, para sentir a vida, têm necessidade de amar ou odiar apaixonadamente.

A admirável lei do tiro de fuzil faz com que reine uma grande polidez; mas você não encontraria em parte alguma a profunda obsequiosidade que há em relação ao nobre em uma aldeia alemã. O menor proprietário de uma *pieve* não corteja em absoluto o grande proprietário, seu vizinho; apenas reúne-se a ele com o fuzil ao ombro, quando sua vaidade é ferida pela mesma causa que feriu a do vizinho. Se Paoli foi poderoso na guerra contra os genoveses e, depois, contra os franceses de Luís XV, é porque ele tinha muitas *pieve* a seu favor.

Desde 1755, Pascal Paoli, chamado pelos descontentes para ser comandante-em-chefe, procurou tomar as partes montanhosas da ilha; teve sucesso e conseguiu expulsar os genoveses para a orla marítima.

Esses tiranos da Córsega, perdendo a esperança de subjugá-la, chamaram os franceses em seu auxílio e estes acabaram por guerrear os descontentes por conta própria, de modo que os patriotas da Córsega puseram-se a detestar os franceses, herdeiros de seus tiranos e eles mesmos tiranos.

O duque De Choiseul estava à frente da Guerra e das Relações Exteriores de Luís XV.

Entre os chefes mais apaixonados da insurreição corsa e companheiros mais fiéis de Paoli distinguia-se Charles Buonaparte, pai de Napoleão. Ele tinha então vinte e quatro anos, tendo nascido em Ajaccio em 1744, de uma família nobre, estabelecida na ilha em fins do século XV. Charles Buonaparte, herdeiro de uma fortuna medíocre, administrada por dois tios padres, pessoas de bem, tinha estudado Direito em Pisa, na Toscana. No seu retorno à pátria, desposara, sem o consentimento dos tios, Laetitia Ramolini, considerada a jovem mais sedutora da ilha; ele mesmo era um homem bonito e digno de amor.

Em 1768, tendo a querela entre franceses e corsos chegado ao último grau de exasperação e tendo os franceses enviado à ilha tropas numerosíssimas, Charles Buonaparte foi se reunir a Pascal Paoli em Corte e, não querendo deixar reféns para os franceses, levou consigo os tios e a mulher.

Paoli confiava muito nele. Atribui-se a Charles Buonaparte o *manifesto* à juventude corsa, publicado em Corte em 1768 e inserido, depois, no quarto volume da História da Córsega, de Cambiagi.

Após a sangrenta derrota de Ponto Novo, que dissipou todas as ilusões de independência concebidas por Paoli e partilhadas pela maioria da nação corsa, Charles Buonaparte esteve entre aqueles patriotas convictos que não desistiram e quiseram acompanhar Clemente Paoli, irmão do general, a Niolo. Eles esperavam conseguir um levante da população dessa belicosa província e lançá-la contra o exército francês, que avançava a grandes passos; mas a tentativa não produziu nenhum resultado.

Clemente Paoli, sempre acompanhado de Charles Buonaparte, passou de Niolo a Vico; queria encetar uma última batalha. Mas a rápida marcha dos acontecimentos tornou inúteis os mais nobres esforços, e Clemente Paoli, juntamente com seu ilustre irmão, foi obrigado a fugir de uma pátria que ele tinha querido arrebatar do jugo estrangeiro.

Durante os desastres dessas infelizes expedições a Niolo e Vico, Charles Buonaparte foi acompanhado constantemente por sua bela e jovem companheira. Ela foi vista afrontando os perigos da guerra e partilhando o cansaço dos descontentes, cujos movimentos davam-se nas montanhas mais selvagens e em meio a rochas escarpadas. A sra. Buonaparte, como seu marido, tinha o único sonho de salvar a pátria do domínio estrangeiro, preferindo, por isso, suportar sofrimentos excessivos para uma mulher de sua posição a aceitar o asilo que o conquistador da ilha lhe oferecia. Seu tio, membro do conselho superior recém-instituído pelo general francês, era quem intermediava essas ofertas, cujo pretexto era a avançada gravidez da sra. Buonaparte.

No mês de junho, após a partida dos dois Paoli, quando toda esperança estava definitivamente perdida para os patriotas, Charles Buonaparte, que, partindo de Vico se refugiara na cidadezinha de Appietto, voltou com a mulher, grávida de sete meses, para sua casa em Ajaccio.

A 15 de agosto de 1769, dia da festa da Assunção, a sra. Buonaparte estava na missa quando foi tomada de dores tão insistentes, que se viu obrigada a voltar para casa a toda pressa; não conseguiu chegar ao quarto e teve seu menino na antesala, sobre um desses antigos tapetes com grandes imagens de heróis. A criança recebeu o nome de Napoléon em memória de um tio que Charles Buonaparte perdera em Corte, durante a fuga do ano anterior.

Em meio ao mal-estar geral e a todas as desordens que se seguem ao fim de uma longa guerra civil e o estabelecimento de um novo jugo, no seio de uma família nada rica e que aumentava todos os anos, Napoleão recebeu sobretudo a educação da necessidade. Pouco se tem idéia, na França, da severidade de modos dentro de uma família italiana. Nenhum movimento, nenhuma palavra inútil, freqüentemente um morno silêncio. O jovem Napoleão, sem dúvida, não foi cercado por essas afeições francesas que despertam e cultivam desde cedo a vaidade de nossas crianças e fazem delas brinquedos adoráveis aos seis anos e, aos dezoito, homenzinhos de pouco vigor. "Eu não passava de uma criança obstinada e curiosa", disse Napoleão de si mesmo.

Certos textos, que considero bastante inautênticos, o apresentam em sua primeira infância como uma criaturazinha turbulenta, habilidosa, viva, ágil ao extremo. Tinha, diz ele, sobre Joseph, o irmão mais velho, uma ascendência das mais completas. Este era surrado, mordido; as queixas eram levadas à mãe; a mãe dava-lhe um carão, antes que o pobre Joseph tivesse tempo de abrir a boca. Joseph tinha um enorme ciúme da superioridade do irmão e da preferência da qual este era objeto.

Os filósofos imaginaram que o caráter de um homem lhe é dado pela mãe, que esse caráter forma-se a partir de dois anos e se estabelece definitivamente aos quatro ou cinco. Isso seria verdade sobretudo em relação aos meridionais, de caráter sombrio e apaixonado. Essas criaturas têm, desde a primeira infância, uma determinada forma de procurar a felicidade que, depois, se aplica a diferentes coisas, mas permanece sempre a mesma.

Que circunstâncias cercaram o berço de Napoleão! Vejo uma mãe, notável por seu espírito superior não menos que pela beleza, encarregada de cuidar de uma família numerosa. Essa família, bastante pobre, cresce e desenvolve-se em meio a ódios e agitações violentas, que sobreviveram a trinta anos de descontentamento ou guerra civil. Veremos, mais tarde, o profundo horror que inspirava em Napoleão o coronel Buttafoco, cujo único erro, no entanto, foi fazer guerra a Paoli e seguir o partido contrário ao dos Buonaparte.

O nome de Paoli ressoava na Córsega. Essa ilhazinha, vencida e tão orgulhosa, sentia-se honrada em ver o nome de seu herói repetido e celebrado na Europa. Por isso, toda a grandeza, toda a habilidade foram representadas, no espírito infantil de Napoleão, por este nome: *Pascal Paoli*. E, por um estranho acaso, Paoli foi como que a imagem modelo de toda a vida futura de Napoleão.

Aos vinte e nove anos, ele estréia como comandante-em-chefe; tem sempre nos lábios os nomes e as máximas de Plutarco e Tito Lívio, que são o catecismo de Napoleão.

Paoli fez na Córsega, em pequena escala, tudo o que Napoleão iria fazer entre nós, após suceder ao fraco governo do Diretório. Primeiro a conquista, depois a organização. Como Napoleão conquistou a independência da França em Marengo, Paoli conquistou as montanhas da Córsega aos genoveses; depois, organizou ali a administração, a justiça e tudo o mais, até a instrução pública.

Por muito tempo Paoli foi tanto administrador e político quanto guerreiro. Teve de manter-se em guarda contra o veneno dos genoveses, como Napoleão contra a *máquina infernal* dos realistas e o punhal de Georges Cadoudal. Enfim, derrubado e separado de um povo que o amava pelo estrangeiro que chegava com forças desproporcionais às suas, Paoli precisou embarcar e procurar um refúgio distante de sua pátria.

Todas essas nobres realizações de um homem superior faziam parte da conversa habitual dos corsos.

Assim, por uma estranha felicidade, que os filhos dos reis não conseguiram ter, nada de mesquinho, nada de mediocremente pretensioso agita os seres que rodeiam o berço de Napoleão.

Suponhamo-lo nascido em 1769, segundo filho de um marquês da Picardia ou do Languedoc com uma renda de vinte e cinco mil libras. Que escutaria em torno de si? Historietas galantes, discursos mentirosos sobre a antiguidade de sua raça, a *implicância* do marquês, seu pai, contra um fidalgote vizinho que, a pretexto de ter sido ferido três vezes, recebeu a patente de capitão dois anos antes dele; mas, em contrapartida, o marquês, graças à proteção do príncipe de Conti, obteve a cruz de São Luís três anos antes do outro. O marquês não cala seu desprezo pelos homens de negócio e, sobretudo, pelo intendente da província, cuja cavalariça sobrepuja a sua; mas, em compensação, ele obteve uma colocação de honra como primeiro-tesoureiro da freguesia em que se situa a residência do intendente, o que deverá levar o outro ao desespero.

Em vez dessas miudezas, Napoleão não ouve falar senão da luta de uma grande força contra outra grande força; a guarda nacional de uma pequena ilha de cento e oitenta mil habitantes, conduzida por um jovem eleito por ela, que ousa lutar contra o reino da França, o qual, humilhado a princípio, depois derrotado, acaba por enviar à Córsega vinte e cinco mil homens e o conde de Vaux, seu melhor general.

Essas coisas foram contadas a Napoleão criança pela mãe, que tantas vezes fugiu diante dos tiros de fuzil franceses; e, nessa luta, toda a glória é conferida ao cidadão que resiste, o soldado não passa de um vil mercenário que recebe seu soldo.

Em nossos dias — quando tantos personagens se contradizem, porque se representa uma comédia e ninguém ousa agir francamente e ir em busca dos prazeres da vaidade, os únicos prazeres reais do século XIX, no Norte da França — poucas existências foram tão desprovidas de hipocrisia e, a meu ver, tão nobres quanto a da sra. Laetitia Buonaparte. Nós a vimos, em sua primeira juventude, enfrentando grandes perigos por devotamento a seu partido. Mais tarde, teve que resistir a provas talvez mais duras, por não ter a apoiá-la o estado geral de excitação e entusiasmo que acompanha a guerra civil. Existe na Córsega uma terrível lei, muito semelhante ao famoso fora da lei da Revolução francesa. Quando essa espécie de *clamor de revolta* é proclamada contra uma família, incendeiam-se seus bosques, cortam-se suas vinhas e suas oliveiras, matam-se suas cabras, queimam-se suas casas; a ruína é completa e irremediável, em um país pobre onde não há nenhum meio de recuperar o bem-estar. Três vezes, depois do seu retorno à ilha como general francês e da sua revolta a favor dos ingleses, Pascoal Paoli ameaçou a sra. Buonaparte, viúva, pobre e sem apoio, com essa pavorosa lei; três vezes ela mandou que lhe respondessem que perigo algum era capaz de fazê-la abandonar o partido francês. Sua fortuna foi destruída, riscos pessoais forçaram-na a fugir para Marselha com seus filhos. Acreditava que seria recebida na França como uma mártir do patriotismo, mas foi despejada, porque era pobre e porque suas filhas eram obrigadas a fazer a feira.

Nada conseguiu perturbar esse espírito superior. Nem o desprezo dos marselheses em 1793, nem as honrarias tão imprevistas da corte de seu filho, sete anos mais tarde. Na última fase da velhice, refugiada entre inimigos de seu nome e de sua pátria, em meio à alegria que a morte do filho e do neto causou a eles, ela suporta essa desgraça com uma dignidade natural e fácil, como outrora as ameaças de Paoli. Jamais se lamenta ou cai em nenhuma das mesquinhezas da vaidade, que arrefecem todo entusiasmo pelos príncipes e princesas que, nos dias de hoje, temos visto caírem do trono. Essa alma firme proibiu-se até de nomear seus inimigos e de falar de seu filho.

A mãe de Napoleão foi uma mulher comparável às heroínas de Plutarco, às Pórcia, Cornélia, madame Rolland. Esse caráter impassível, firme e ardente lembra ainda mais as heroínas italianas da Idade Média, que não cito porque são desconhecidas na França.

É por meio do caráter todo italiano da sra. Laetitia que se deve explicar o de seu filho.

Segundo penso, só podemos encontrar algo análogo ao caráter de Napoleão entre os *condottieri* e os pequenos príncipes do *Quattrocento* na Itália: os Sforza, os Piccinino, os Castrucio-Castracani, etc., etc. Homens estranhos, não profundamente políticos, no sentido comumente dado ao termo, mas, ao contrário, que empreendiam sem cessar novos projetos, à medida que crescia sua fortuna, atentos ao aproveitamento das circunstâncias e contando apenas consigo próprios. Espíritos heróicos, nascidos em um século em que todo o mundo procurava fazer e não escrever, desconhecidos pelo mundo, *carent quia vate sacro*, e apenas em parte explicados por seu contemporâneo Maquiavel. Não fazia parte dos planos desse grande escritor, que oferece um tratado sobre a *Arte de escamotear a liberdade* aos cidadãos de uma cidade, falar dos excessos de louca paixão que, de repente, vêm arruinar o talento do Príncipe. Muito sabiamente, ele silencia a respeito desses arroubos de sensibilidade que, de súbito, fazem com que esses homens, na aparência calculistas e impassíveis, percam totalmente a razão.

Quando a presença contínua do perigo foi substituída pelos prazeres da civilização moderna, sua raça desapareceu do mundo. Então, como decorrência visível dessa grande transformação moral, as cidades, construídas por prudência nas montanhas, desceram às planícies por comodidade; e o poder passou do intrépido senhor feudal ao procurador velhaco e ao artesão paciente.

Foi, portanto, em meio às paixões e aos acontecimentos que mais se assemelham aos do século XV — e aos séculos modernos foi dado reproduzir — que Napoleão nasceu. Esses acontecimentos terríveis poderiam ter aniquilado um gênio medíocre e feito do jovem corso um frágil escravo da França; mas Napoleão não era assim.

Desde a primeira infância o sentimento de superioridade foi cultivado nesse jovem coração pelas preferências familiares. Para fazer face às despesas com sua educação, a família decide-se pelo maior sacrifício que um corso pode fazer: vende uma parte das terras. E nem sequer pensa em fazer o mesmo por Joseph, seu irmão mais velho, que fica muitíssimo enciumado com isso.

Ao morrer, Charles Buonaparte diz a Joseph: "Você é o mais velho, mas lembre-se que o chefe da família é Napoleão". É bom saber que no Sul, onde essa terra do ódio e do amor não foi corrompida por uma semicivilização, essa noção de *chefe da família* é extremamente importante e confere privilégios e deveres sobre os quais não resta idéia em nossas regiões do Norte, razoáveis e calculistas.

Aos catorze anos, no princípio da juventude, o perigo mais premente para Napoleão não era o de morrer sob o punhal de um inimigo — não havia mais *inimigos* na França —, mas o de morrer de fome. Antes de sonhar com os passatempos da louca juventude ou em ser amável com as damas, ele devia preocupar-se com que não faltasse pão.

Foi essa sua mais constante preocupação em Brienne; vem daí a seriedade de seu caráter e seu amor pela matemática, meio seguro de garantir o pão.

Assim, aquilo que na primeira infância a admiração por

Paoli suscitou, não perece nos folguedos da juventude, como acontece tão freqüentemente.

Começa-se a perceber, na Europa, que os povos têm o grau de liberdade que sua audácia conquista ao medo. O entusiasmo patriótico e a longa revolta de Charles Buonaparte e de seus companheiros forçaram o governo de Luís XV a conceder ao pequeno país o que as mais belas províncias da França não tinham: *Estados provinciais*.

Seja como conseqüência do gênio do duque de Choiseul, seja por força das circunstâncias, os franceses não perseguiram, em Charles Buonaparte, o patriota que lhes havia resistido até o último momento. É bom saber que, seguindo o costume italiano, o conde de Marbeuf, governador da ilha, cortejava a sra. Buonaparte.

Por decisão do Conselho Superior da ilha, Charles Buonaparte foi feito nobre em 23 de setembro de 1771.

Três anos depois, o conde de Marbeuf nomeou-o conselheiro do rei e assessor da cidade e da província de Ajaccio.

Em 1779, ele é deputado pela província da Córsega na corte, e, em 1781, torna-se finalmente membro do Conselho dos Doze nobres da ilha.

Em Paris, Charles Buonaparte, deputado pela Córsega, foi, por sua vez, útil ao conde de Marbeuf. Os deputados da sessão precedente dos Estados da Córsega haviam abalado sua credibilidade com queixas desagradáveis.

Havia, então, na ilha, dois generais franceses muito divididos entre si: eram eles Marbeuf, gentil e querido pelo povo, e Narbonne-Pellet, altaneiro e violento. Esse último, superior em crédito e nascimento, representava um perigo para o rival; dizem que Charles Buonaparte, bem como a deputação da Córsega, foram favoráveis a Marbeuf; o fato é que a corte deu razão a este.

Um Marbeuf, sobrinho do general, era arcebispo de Lyon e ministro da pasta de Benefícios; o deputado que tinha sido útil ao tio obteve três bolsas de estudo.

Uma para Joseph, o filho mais velho, no seminário de Autun.

A segunda para Napoleão, no colégio militar de Brienne.

A terceira para a filha, Marie-Anne, em Saint-Cyr.

A estada de Charles Buonaparte na França prolongou-se até 1779. Cinco anos após seu retorno à Córsega precisou mover dois sérios processos contra a administração; o que agravava sua posição é que estava indisposto com o intendente.

O primeiro processo encerrou-se apenas em 1786, graças a Joseph, que obteve ganho de causa. O segundo foi resolvido por ele mesmo, de maneira igualmente favorável à sua família. Em 1785, Charles Buonaparte foi a Montpellier para consultar os médicos dessa célebre universidade a respeito de um câncer no estômago, de que sofria; mas o tratamento de nada adiantou e ele morreu em Montpellier em 24 de fevereiro de 1785.

Era um homem amável e gentil, considerado muito inteligente no seu país; falava em público com facilidade e tivera sucesso nisso. Não era nem um pouco devoto; contudo, ao final da doença mandou chamar um número grande de padres. É o que acontece com a maioria dos italianos, mas não foi o que aconteceu com o arquidiácono Lucien, tio-avô de Napoleão e que, com a morte de Charles, tornou-se chefe da família.

Era um eclesiástico de comportamento muito regular, que morreu algum tempo depois do sobrinho, em idade bastante avançada. No momento de falecer, zangou-se vivamente com Fesch, que, já feito padre, havia acorrido de estola e sobrepeliz. O arquidiácono pediu-lhe, com toda a seriedade, que o deixasse morrer em paz e finou-se cercado por todos os seus, dirigindo-lhes conselhos carregados de sensatez.

Algumas vezes, nos momentos de retorno ao passado, Napoleão falava com ternura desse tio velho, que lhe havia servido de pai e cuja grande sabedoria admirava. Era um dos homens mais considerados da ilha. Seu caráter firme e prudente e a posição de arquidiácono de Ajaccio, que era uma das principais dignidades eclesiásticas, o faziam bem-visto por todos e lhe conferiam um grande poder de influência.

Graças à sua gestão, foram restabelecidos os pequenos negócios familiares, que as despesas e o luxo de Charles haviam desorganizado em grande medida. O arquidiácono Lucien gozava de uma grande autoridade moral, sobretudo em sua *pieve* de Talavo e no burgo de Boccagnano, onde estavam localizadas as propriedades da família de Napoleão.

A mãe da sra. Laetitia, tendo se tornado viúva, casara-se novamente com o capitão Fesch, de um dos regimentos suíços que os genoveses mantinham na ilha. Desse segundo casamento nasceu Fesch, hoje cardeal, que era, desse modo, meio-irmão da sra. Buonaparte e tio de Napoleão. Foi em seus braços que a sra. Buonaparte morreu em 1836, em Roma.

A sra. Buonaparte teve treze filhos; apenas cinco meninos e três meninas sobreviveram. Joseph, o mais velho de todos, a quem queriam ordenar padre, para tirarem partido da proteção de Marbeuf, ministro da pasta de Benefícios, fez seus estudos em função disso; mas, chegada a hora de assumir os votos, ele recusou-se absolutamente a vestir a batina. Vimo-lo, sucessivamente, rei de Nápoles e da Espanha, e bastante superior, sob todos os aspectos, aos reis contemporâneos. A Espanha preferiu a ele o monstro de nome Fernando VII. Admiro o arrebatado sentimento de honra que inflamou os bravos espanhóis; mas que diferença teria sido, para a felicidade deles, se, depois de 1808, tivessem sido governados pelo sábio Joseph e sua Constituição!

Louis, homem consciente, foi coronel dos Dragões e rei da Holanda; Jérôme foi rei da Vestfália; Elisa, grã-duquesa da Toscana; Caroline, rainha de Nápoles.

Paulina, princesa Borghèse, foi a mais bela mulher de seu século. Lucien, deputado, ministro do Interior, embaixador em Portugal, não quis ser rei e acabou sendo príncipe romano.

Lucien, dizia Napoleão, tivera uma juventude tempestuosa; foi levado aos quinze anos para a França por Sémonville, que fez dele, bem jovem, um dedicado revolucionário e clubista ardente. Diz-se que publicou alguns panfletos jacobinos sob a alcunha de Brutus Bonaparte. Todo esse jacobinismo não o impediu, no entanto, de trair sua pátria em proveito de seu irmão no 18 Brumário.

Teria sido muito melhor para Napoleão não ter família.

O caráter de Napoleão foi fortalecido no colégio militar de Brienne, por essa grande provação por que passam os espíritos orgulhosos, ardentes e tímidos: o contato com estrangeiros inimigos.

Napoleão foi levado a Brienne em 1779, aos dez anos; nessa época o estabelecimento era dirigido por monges mínimos. Eis algumas anedotas de interesse bastante restrito: Napoleão pronunciava seu nome com um acentuado sotaque corso, bem mais francês que italiano; esse nome que, em sua boca, era mais ou menos Napuallione, lhe valeu da parte de seus camaradas o desagradável apelido de *La-paille-au-nez*[*].

---
[*] Palha-no-nariz. (N. do T.)

Um dia, o bedel, que não era homem capaz de perceber a sensibilidade viva e profunda desse aluno estrangeiro, castigou-o fazendo com que usasse orelhas de jumento e jantasse de quatro à porta do refeitório. Esse tratamento não passaria de um aborrecimento passageiro para uma criança comum; mas imagine-se o que deve ter significado para o jovem insular que, no seu entender, era forçado pela pobreza a viver entre os opressores de seu país. No momento de cumprir o castigo foi acometido de um súbito acesso de vômitos e de uma violenta crise de nervos; o superior, que passava ali por acaso, arrancou-o de um suplício excessivo para sua estrutura toda feita de orgulho. O padre Patrault, seu professor de matemática, tomou seu partido, lamentando que, sem nenhum respeito, se degradasse dessa forma seu melhor aluno.

O caráter de Napoleão, decidido, sombrio, nunca disperso por nenhuma infantilidade, suscitava a princípio o ódio de todos os garotos franceses, seus colegas, que consideravam sua imperturbável resolução uma pretensão hostil à vaidade deles. Napoleão, pobre e franzino, acreditando ainda por cima que sua pátria era oprimida pelos franceses, evitava toda e qualquer companhia; construiu para si uma espécie de cabana feita de folhagens na qual se refugiava para ler durante o recreio. Certo dia, seus colegas resolveram invadir esse retiro; ele defendeu-se como um herói, isto é, como um corso.

O caráter francês, pouco rancoroso e que busca apenas divertir-se, brilhou com todo o seu fulgor nessa ocasião: os colegas passaram da inveja à admiração pelo jovem estrangeiro, que se tornou um dos líderes da escola.

No inverno seguinte nevou muito; tiveram a idéia de construir uma fortificação. Napoleão foi, primeiramente, o engenheiro-chefe que dirigiu a construção das muralhas e, quando chegou o momento de atacá-las, foi o general dos invasores; mas o cascalho misturou-se às bolas de neve, munição das duas armadas, vários alunos feriram-se e os professores ordenaram o fim da brincadeira.

Teremos o máximo cuidado para não extrair conclusões sérias desses pequenos fatos, aliás, muito pouco provados; temos certeza de que coisas semelhantes acontecem todo dia com muitos escolares que se tornam homens deveras insignificantes.

CAPÍTULO II

Aos vinte e um ou vinte e dois anos Napoleão devia ser bem diferente do que em Paris costuma-se chamar um jovem amável, e ficou muito feliz por ser apreciado pela sra. Du Colombier. Provavelmente seu êxito em Paris teria sido menos rápido, como vamos avaliar. Ele pensava intensamente; tinha *a mais densa lógica.* Lera demais e, talvez, tenha esquecido depois, diz ele. Tinha um espírito ágil e alerta, um discurso enérgico. Em Valence, logo se fez notar; agradou às mulheres por suas idéias novas e cheias de altivez, pelos raciocínios audaciosos. Os homens temiam sua lógica e as discussões a que a consciência da própria força o arrastava com facilidade.

Um oficial muito distinto, mas adepto do antigo regime e bastante amável, dizia-nos, um dia, em Berlim que, francamente, nada o havia espantado tanto quanto ver Napoleão vencer batalhas. A princípio, ele acreditara tratar-se de outro oficial com o mesmo nome, um irmão de Napoleão. Das relações que tivera com ele em Valence e, depois, em Auxonne, restara-lhe apenas a impressão de um jovem tagarela que, sob qualquer pretexto, metia-se em intermináveis discussões e queria, sem descanso, reformar tudo no Estado. "Fanfarrões desse tipo, conheci uns vinte, desde que estou no exército", acrescentou o oficial. Quanto à aparência e às feições, a primeira era desprovida de graça, enquanto as feições, não fora sua extrema singularidade, o teriam feito passar por feio; mas o sufrágio das damas o salvava. "Acredito", dizia o oficial de Berlim, "que elas ficavam fascinadas por seu olhar sombrio e fixo, à italiana; imaginavam certamente tratar-se do olhar da grande paixão."

Foi durante sua estada em Valence que Napoleão ganhou um prêmio da Academia de Lyon por esta questão, proposta pelo abade Raynal, célebre na época: "*Quais são os princípios e as instituições que se devem dar aos homens para torná-los o mais felizes possível?*". Venceu a dissertação apresentada por ele, mas o jovem oficial, temendo a zombaria dos camaradas, julgou prudente manter o anonimato. Além disso, a dissertação reproduzia o estilo e os princípios da época; nela, idéias generosas e romanescas misturavam-se a uma crítica incompleta e parcial do que existia. O autor começava por perguntar-se: em que consiste a felicidade? Gozar a vida por completo, respondia; gozá-la da maneira mais condizente com nossa estrutura moral e física. Quando se tornou imperador, Napoleão lançou ao fogo essa dissertação, recuperada graças aos cuidados de Talleyrand.

O jovem oficial de artilharia conseguira tratar de uma forma curiosa, por sua originalidade, uma questão de que se ocupara, e muito: a filosofia antiga, a única que conhecera. Mas, para sua infelicidade e a da França, sua educação permanecera bastante incompleta. Com exceção da matemática, da artilharia, da arte militar e de Plutarco, Napoleão nada sabia. Ignorava a maior parte das grandes verdades descobertas havia cem anos, precisamente a respeito daquela arte de tornar mais felizes os homens, que acabava de discutir.

Sua superioridade repousava inteiramente na faculdade de encontrar novas idéias com uma presteza incrível, analisá-las com perfeito discernimento e colocá-las em prática com uma força de vontade que nunca houve igual.

Infelizmente, essa força de vontade podia ser eclipsada por um movimento de sensibilidade.

Por isso, nas montanhas da Boêmia, em... 1813, não quis travar batalha. Um pressentimento interior ou um presságio deteve esse grande homem e, infelizmente, prevaleceu sobre a necessidade de combater, para encerrar bem a campanha, e sobre a evidente aparência das melhores probabilidades de sucesso.

Sem dúvida, em Valence, em Auxonne e em outros lugares, Napoleão leu muito. Mas, naquele espírito ardente e continuamente voltado para o futuro, os livros mais sérios não surtiam efeito diferente daquele que os romances produzem nas mentes comuns. Despertavam ou excitavam sentimentos apaixonados, mas acaso deixavam grandes verdades perfeitamente demonstradas, que servissem de base, desse momento em diante, para a conduta da vida? Napoleão não leu, por exemplo, Montesquieu, como deve ser lido, isto é, de maneira a aceitar ou rejeitar claramente cada um dos trinta e um livros do *Espírito das leis*. Também não leu o *Dicionário*, de Bayle, nem *O espírito*, de Helvétius.

Não gostaria de antecipar coisas que serão contadas mais tarde; mas, para apresentar meu pensamento com a lucidez conveniente, sou forçado a dar alguns exemplos.

Muitos anos depois, durante as discussões a respeito do *Código Civil* no Conselho de Estado, via-se aquele poderoso gênio adivinhar rapidamente todas as conseqüências das verdades que Threillard ou Boulay (de la Meurthe) enunciavam diante dele, mas essas verdades eram novas para ele e não o eram para cada um dos quarenta conselheiros de Estado ou para os magistrados relatores presentes à sessão. Também é verdade que, com uma rapidez inimaginável para quem nunca a testemunhou, chegava a conclusões extremamente precisas, de que nem Threillard nem Boulay jamais teriam suspeitado. É verdade também que, aproximando-se tarde da ciência e com toda a sensatez de um homem feito, não se deixava levar pelos pequenos preconceitos que ainda comprometem as ciências mais elaboradas. É o que se pode constatar nas discussões a respeito do divórcio e dos testamentos. Por sua vez, Threillard e Boulay sentiam-se assustados por esses lampejos de gênio tão novos, e Napoleão defendia-os contra eles mesmos.

Não se percebia essa ignorância do imperador em sua conversa ordinária. Primeiro, ele dirigia a conversa e, em seguida, com uma habilidade bem italiana, nunca deixava uma pergunta ou uma suposição irrefletida traírem essa ignorância.

Pode-se então dizer que, no que tange *à ciência de governar*, aquela que, mais tarde, foi indispensável a Napoleão, a educação desse grande homem era nula. Em matéria de governo, conhecia apenas os meios usados por um general para levar suas tropas à ação:

Por entusiasmo pela pátria.
Por questão de honra.
Por medo das punições.
Por amor-próprio ou vaidade.
Por dinheiro.

Vê-se que, entre esses *motivos de ação*, nenhum tem raiz no costume de crer ou de agir daquele que obedece, nem na opinião que ele possa ter a respeito da legitimidade das ordens daquele que comanda.

Em uma palavra, Napoleão soube fazer-se obedecer como general, mas não soube comandar como rei, e costuma-se atribuir a imperfeição de seu gênio nesse ponto unicamente à ausência total de formação básica.

Quando Napoleão precisou de idéias sábias sobre o governo da França, teve de inventá-las. Mas, por uma primeira infelicidade, sentia uma repugnância pessoal pela escola liberal e, por uma segunda, precisou com freqüência da experiência própria para enxergar as verdades mais fundamentais descobertas trinta anos antes dele.

A conspiração de Mallet, em outubro de 1813, o fez ver talvez pela primeira vez que, acreditando ter instituído a *monarquia* em proveito da França e de seu filho, não instituíra senão o *poder*. Talvez nunca tenha compreendido que, tanto moral como fisicamente, só nos apoiamos no que resiste, e que, enquanto um organismo político não resiste, se necessário, ele de fato não existe. Desse modo, percebeu com ingênuo espanto que o Senado não existia, que o arquichanceler Cambacérès não existia, etc. Nada foi tão singular, em seu retorno da Rússia depois de Mallet, como a sua admiração diante do fato de que o Senado nada havia feito, de que homens sábios como Frochot, prefeito da região do Sena, nada fizeram, de que os olhares não estavam todos dirigidos, naquele momento, para o rei de Roma.

Atrevo-me a dizer que em seu exército havia vinte mil oficiais acima dessa ilusão pueril de que, em último caso, pensar-se-ia no rei de Roma.

Não obstante o que se tenha dito sobre isso, às vezes, quando sua imaginação se entregava a um de seus prazeres prediletos, o de perder-se no romance do futuro, ele se iludia completamente sobre o papel do futuro rei de Roma. Como se considerava superior a tudo o que já existira havia muitos séculos, como sentia que amava a França verdadeiramente, com um amor que o espírito vulgar dos reis que o precederam jamais conseguira sentir, ele imaginava que as regras imutáveis ditadas pela natureza do coração humano cessariam de surtir efeito quando, após sua morte, o rei de Roma, seu filho, só tivesse como recurso a força de seu título ou seu talento.

Jamais percebeu que aquela criança, mal educada por criaturas elegantes e fúteis como todos os príncipes nulos, não encontrando no coração dos franceses o antigo hábito de obedecer à própria raça, não passaria de um instrumento nas mãos de alguns generais empreendedores.

Napoleão não percebeu que, para conferir autoridade ao rei de Roma, privado do pai, era preciso abrir mão em vida de uma parte de seu poder e permitir a formação de organismos políticos.

Mas ele amava o poder porque se utilizava bem dele e amava o bem, desde que feito rapidamente; toda discussão ou deliberação retardadora parecia-lhe um mal.

Por falta de instrução, jamais seguiu o exemplo de Carlos Magno, outro grande homem a que nada sobreviveu, e que ele só conhecia por meio da pobreza acadêmica de De Fontanes.

Por não ter lido nem mesmo a história do último século, não percebeu que, antes da Revolução, um rei só reinava na França porque podia apoiar-se na nobreza, nos parlamentos e, sobretudo, no antigo costume francês de jamais duvidar da legitimidade da autoridade real.

Não podendo criar um antigo costume em alguns anos, não percebeu que, desde a Revolução de 1789, um príncipe que não conta com o apoio de uma Câmara só preserva o poder por meio do medo inspirado por seu exército, ou pela admiração que seu gênio suscita.

Em uma palavra, como, por uma falha deplorável de sua formação básica, a história não existia para ele, Napoleão só conheceu os fatos a que havia assistido e, ainda assim, os via através de seu medo dos jacobinos e do amor, sua fraqueza, pelo *faubourg* Saint-Germain.

Precisei de todos esses fatos relativos a Napoleão imperador para mostrar o que era a tão gabada educação de Napoleão, tenente de artilharia. Ele não sabia nem ortografia, nem latim, nem história. Tudo estava enfraquecido e estiolado em 1785, na fase final do declínio da monarquia de Luís XIV; tudo, até a instrução pública. Nesse sentido estrito, pode-se dizer que a demissão dos jesuítas fora um mal; em tempos de fragilidade, toda mudança é um mal.

Foi preciso deixar Valence e o agradável salão da sra. Du Colombier para aquartelar-se em Auxonne. Antes de ir para lá, Napoleão fez uma espécie de viagem sentimental à Borgonha com Desmazys.

Foi em Auxonne que, pela primeira vez, Napoleão deu-se ao prazer de mandar imprimir uma obra de sua autoria, a *Carta do sr. Buonaparte ao sr. Matteo Buttafoco*.

Joly, impressor em Dôle, conta que essa brochura saiu do seu prelo em 1790; Napoleão tinha então vinte e um anos, era tenente do regimento de La Fère, aquartelado em Auxonne. Foi encontrar Joly em Dôle, acompanhado do irmão Luís Bonaparte, a quem naquela época ensinava matemática. A obra foi impressa a expensas suas, em número de cem exemplares, distribuídos por ele na Córsega, onde significou um terrível golpe na popularidade de Buttafoco. Tratava-se de um panfleto satírico absolutamente no estilo de Plutarco. Sua idéia central era ao mesmo tempo engenhosa e forte. Dir-se-ia um panfleto escrito em 1630, e na Holanda.

A revisão das provas finais foi feita pelo próprio Napoleão. Ele partia de Auxonne às quatro da manhã, chegava a pé a Dôle; depois de rever as provas, tomava um café da manhã extremamente frugal em casa de Joly e voltava antes do meio-dia à guarnição, após percorrer oito léguas.

Bonaparte compusera uma obra que poderia preencher dois volumes, sobre a história política, civil e militar da Córsega. Convenceu Joly a ir encontrá-lo em Auxonne para discutirem sua impressão. Joly, de fato, lá foi e encontrou o jovem oficial alojado de forma extremamente simples; Bonaparte ocupava no pavilhão um quarto quase vazio, que tinha como únicos móveis um leito sem cortinado, duas cadeiras e uma mesa colocada no vão de uma janela, cheia de livros e papéis. Seu irmão Luís dormia num colchão, posto diretamente no soalho, no gabinete ao lado. Combinaram o preço da impressão da *História da Córsega*, mas o autor aguardava, de um momento para o outro, uma decisão que o faria deixar o quartel de Auxonne ou que o fixaria ali por um longo tempo. Essa ordem chegou alguns dias depois; o jovem Bonaparte partiu e a obra não foi impressa.

Joly conta que havia sido confiado ao jovem oficial o depósito dos ornamentos de igreja, proveniente do capelão do regimento, que acabava de ser suprimido. "Se não ouviu a missa", disse ele a Joly, "posso dizê-la para o senhor." De resto, falava sobre as cerimônias religiosas com muita decência.

Três anos depois, em 1793, Bonaparte, capitão havia dezoito meses, era transferido para Beaucaire; encontrava-se lá em 29 de julho, ceando em um albergue com vários negociantes de Montpellier, Nîmes e Marselha. Iniciou-se uma discussão a respeito da situação política da França: cada um dos convivas tinha uma opinião diferente.

De volta a Avignon, Bonaparte escreveu uma brochura que chamou de *A ceia de Beaucaire*; mandou imprimi-la por Sabin Tournal, redator e impressor do *Courrier d'Avignon*. A obra não causou nenhuma sensação, mas, quando Napoleão tornou-se general-em-chefe, um certo Loubet, que conservara um exemplar, atribuiu-lhe bom preço, porque tinha a assinatura de próprio punho do autor. O opúsculo foi reimpresso por Pankouke[1].

[...] Seu estilo é pesado, a construção das frases é por vezes irregular; há vários *italianismos*; mas não se pode deixar de perceber que o autor tem um caráter singular.

Eu seria tentado a admitir que a relação com as mulheres conferira uma aparência de ligeireza ao caráter sombrio e reflexivo do jovem oficial corso. Captam-se algumas nuances de galanteria e de graça até mesmo durante os tempos difíceis do comando do exército da Itália, após os quais passa-se a perceber apenas uma gravidade pensativa. Napoleão sentia-se obrigado, então, a ser um homem à parte.

Enquanto duravam esses jogos infantis, fazia-se a revolução. Havia muitos imigrados na artilharia, pois o partido aristocrático dava grande importância a que os oficiais dessa arma atravessassem o Reno. Era a época em que a nobreza imaginava que o povo francês, abandonado pelos oficiais, não seria capaz de fazer a guerra sozinho.

Os imigrados reuniram-se em Coblença. Eles eram tão loucos e, desde então, foram tão amáveis na forma de mostrar aos estrangeiros que um francês sabe suportar a desgraça, que não temos mais coragem de nos indignar com seus projetos daquela época; entretanto, eram atrozes, cem vezes piores que o fuzilamento de Ney, dos irmãos Faucher ou do coronel Caron.

No momento em que os fidalgos imigrados estavam reunidos em Coblença, começou a famosa coligação que acabou por entrar em Paris, em março de 1814.

---

[1] *Œuves de Napoléon Bonaparte*, 4 volumes, 1821.

A origem dessa célebre liga é ainda bastante obscura; ela tornou-se séria apenas à medida que os reis começaram a temer as loucuras do povo francês. Se se quiser, pode-se considerar que os primeiros momentos da coligação foram as conferências de Mântua entre o imperador Leopoldo e o conde d'Artois, mais tarde Carlos X. A princípio, a altivez do jovem príncipe não lhe permitia buscar auxílio senão junto aos reis que tinham a honra de manter em sua casa, por laços de sangue, os reis da Espanha e da Sardenha e o imperador da Áustria.

Leopoldo propôs um congresso à Assembléia Nacional, que lhe respondeu declarando traidor da pátria todo francês que se rebaixasse a discutir as leis de seu país com um congresso de estrangeiros. Tinha-se então o recente exemplo da Polônia.

Em outros tempos, Luís XV prestara alguma ajuda a Gustavo III, rei da Suécia, para que este eliminasse a Constituição de seu país e se declarasse rei absoluto. A sensibilidade monárquica dos imigrados imaginou que competia a esse príncipe prestar, por sua vez, a Luís XVI um favor semelhante.

Mas Gustavo foi assassinado, e Frederico Guilherme, rei da Prússia, colocado à frente da liga antifrancesa, não se sabe muito bem por quê. A Inglaterra e a Rússia deram sua total aprovação a esse arranjo; a primeira, por ódio à França, que acabava de enfrentá-la na América; a segunda, por interesses mais imediatos. A Prússia e a Suécia tinham acabado de se armar contra a Rússia no momento em que os gritos de liberdade eclodiram em Paris, transformada em capital do mundo, amedrontando os reis da Europa. O intuito daqueles países era salvar a Turquia, então invadida pelas forças aliadas de Joseph II e de Catarina.

A hábil Catarina encantou-se com o medo dos reis meridionais, que iam lhe entregar os restos da Polônia.

Os exércitos franceses deixaram-se trair e foram vencidos por um punhado de alemães (abril de 1792), comandados por Beaulieu, que viria a ser, quatro anos mais tarde, o primeiro general vencido por Napoleão.

Três meses depois dessa primeira derrota, os ministros de Luís XVI fizeram um acordo com o duque de Brunswick, que, partindo de Coblença, penetrou em Champagne à frente de seis mil prussianos e dez mil imigrados. Seu famoso manifesto, punido depois da batalha de Iéna, ameaça deixar a França coberta de fogo e sangue. Bertrand de Molleville, na época ministro da

Marinha e confidente de Luís XVI, vangloriou-se de seu entendimento com o duque de Brunswick, general-em-chefe inimigo. O povo respondeu a essa traição em 10 de agosto: o trono foi derrubado.

Logo depois, o desfiladeiro de Argonne assiste à primeira vitória do povo francês. Começa então o grande drama que, ao menos em nossa opinião, terminou em Waterloo.

Havia séculos não se via uma grande nação combater, não para mudar de rei, mas por sua liberdade; e o que aumenta o caráter sublime do espetáculo é que o entusiasmo dos franceses não foi estimulado nem pela religião, nem pela aristocracia.

A parte mais heróica desse drama, a que exigiu o talento de Danton e, ao mesmo tempo, o sacrifício de tantas cabeças inocentes, chegava ao fim quando, em 1794, por ocasião do cerco de Toulon, Napoleão entra em cena.

Desde havia muito, a diplomacia inglesa estava à frente da coligação; ela fazia todas as potências da Europa agirem mais ou menos de acordo com a sua vontade e subornava muitos traidores dentro da França.

A tanta habilidade, a Convenção opunha sua temível energia e lançava um sério apelo a todos os corações generosos.

Foi um momento em que a situação da França pareceu desesperadora. Dos Alpes aos Pirineus, do Reno ao oceano, do Ródano às margens do Loire, a bandeira tricolor recua.

A Vendée incendeia-se e sessenta mil realistas podem marchar sobre Paris. Bordeaux, Lyon, Marselha e Caen sublevam-se contra a Convenção.

Em toda parte inferiores em número e desorganizados, os exércitos republicanos, sem chefes capazes, esperam pelo golpe que deverá aniquilá-los.

Todos os cálculos da previdência humana parecem anunciar um desastre horrível e próximo: a civilização vai retroceder na Europa.

Mas a Montanha afasta a Gironda e redobra a energia; Carnot, Prieur, Dubois-Crancé dirigem os movimentos militares; Danton decreta que todo soldado que desertar será punido com a morte. Valenciennes e as praças-fortes dão à audácia de Danton tempo suficiente para eletrizar a França.

É o mais belo momento da história moderna.

Em 23 de agosto de 1793, a Convenção decreta o recrutamento em massa dos franceses; cinco dias depois decreta a suspensão da Constituição e o estabelecimento da *Ditadura* denominada *Governo Revolucionário*. E, o que é singular, essa Ditadura não é exercida por um só homem, mas pelo que há de mais enérgico em todos.

Mal esse decreto é anunciado, já se espalha a fatal notícia da entrada de ingleses e espanhóis em Toulon. Napoleão vai surgir.

Barrère decreta o estabelecimento de doze tribunais revolucionários solicitados pela *Comuna de Paris*, para julgar os traidores. Um milhão de homens precipitam-se sobre os coligados e conseguem, enfim, expulsá-los de toda parte. Os soldados amam a pátria, os oficiais são movidos pela honra e pelos mais diversos sentimentos; muitos são ex-nobres.

Seria absurdo exigir circunspecção e moderação de um homem louco de raiva, que procura salvar a vida debatendo-se sob os golpes redobrados de vinte inimigos. Eis, porém, do que se esquecem os pequeninos escritores modernos, nascidos em uma época de hipocrisia e tranqüilidade e que só desejam acumular uma pequenina fortuna.

No início dessa grande guerra da Revolução, como efeito do recrutamento de novas tropas e dos postos deixados vacantes pela emigração nos antigos regimentos, as promoções iam rápido. Napoleão, capitão a 6 de fevereiro de 1792, partiu para a Córsega no começo de 1793; acabava de imprimir *A ceia de Beaucaire* em Avignon e aceitara o comando de um batalhão da guarda nacional corsa, que se pretendia designar para uma expedição contra a Sardenha.

Em 12 de fevereiro de 1793, o almirante Truguet fundeava diante de Cagliari, capital da ilha, mas, como a expedição da Sardenha fora anunciada havia seis meses, os franceses foram recebidos a tiros de fuzil; cometem erro sobre erro, falta-lhes coragem, perdem um navio de guerra e, finalmente, são obrigados a retornar a Toulon. Essa expedição é uma das mais ridículas tentadas pela República.

Por essa ocasião, Pascal Paoli era comandante na Córsega; tinha sido nomeado tenente-general por Luís XVI e enviado para lá. Ali chegando, traiu o país ao qual jurara fidelidade da maneira mais enfática e trabalhou a favor dos ingleses. Foi provavelmente nessa época que, vendo o jovem Bonaparte organizar seu batalhão, disse esta frase célebre na Córsega:

"Eis um jovem talhado à antiga; é um homem de Plutarco".

A revolução tentada por Paoli interessou-o a princípio pela

NAPOLEÃO

grandeza do espetáculo e por causa da influência que poderia exercer em seu destino. Uma das grandes vantagens da sua cabeça era ser vazia de toda e qualquer puerilidade. Um homem de vinte e quatro anos discerne cem coisas por ano; Napoleão só discernia uma: *o amor à glória!*
 Mais maduro e de volta à Córsega, conseguira enfim analisar sadiamente as relações de seu país com a França. Não lhe restavam, dos quinze anos de ódio apaixonado, senão o hábito da reflexão profunda e o costume de não se entregar aos homens entre os quais era jogado.
 Na volta da expedição, em que pudera assistir a exemplos de todas as ridicularias militares, Napoleão reincorporou-se à artilharia, dessa vez com o posto de chefe de batalhão. Tinha encontrado, na Córsega, sua família arruinada, voltava à França com sua patente para tentar a sorte e tinha vinte e quatro anos.
 O que acontecia, então, nessa alma ardente? Vejo nela:
 1º) a consciência de suas próprias forças;
 2º) o hábito de ser incapaz de distrair-se;
 3º) a facilidade com que se deixava emocionar profundamente por uma palavra tocante, por um presságio, por uma sensação;
 4º) o ódio pelo estrangeiro.
 Napoleão, que acabava de ver a família na miséria, sentia como nunca a necessidade de fazer fortuna, fosse na França, fosse no Oriente.
 Retornando a Paris como chefe de um batalhão de artilharia e olhando em torno de si, Napoleão viu uma assembléia furibunda, encarregada de conduzir uma grande guerra e necessitando de talentos aonde quer que fosse. Ele pôde então dizer-se: Eu também vou comandar! Mas a carreira militar leva agora a perigos medonhos. Certa de estar cercada de traidores e incapaz de chegar ao fundo das questões, a Convenção Nacional mandava para o cadafalso todo general que se deixasse vencer ou que não lograsse uma vitória completa.
 De repente, a notícia de que Toulon acabava de ser entregue aos ingleses (setembro de 1793) espalha-se. Por ter chegado de Marselha e conhecer o Sul, Napoleão é enviado ao exército posicionado diante daquela praça para comandar a artilharia.
 Para felicidade da República, os coligados não sentiram a importância da conquista de Toulon. Viram na cidade apenas

uma praça-forte a defender, ao passo que sua posse podia exercer imensa influência sobre o rumo geral da guerra; para o exército inimigo, agindo no Sul da França, ela não passava de uma base de operações.

Uma das sortes da liberdade foi a imperícia dos coligados em conduzir, com uma visão global, forças tão consideráveis. Em outros termos, com exceção de William Pitt, nenhum homem superior surgiu dentre eles.

A França, que procurava homens entre todas as classes sociais, encontrou gênios em posições que, de ordinário, nunca fornecem nada além de advogados ou oficiais subalternos. Se Luís XVI tivesse continuado a reinar, Danton e Moreau teriam sido advogados; Pichegru, Masséna e Augereau, suboficiais; Desaix, Kléber, capitães; Bonaparte, Carnot, tenentes-coronéis ou coronéis de artilharia; Lannes e Murat, comerciantes de chapéus ou chefes dos correios. Sieyès teria sido vigário, e Mirabeau, no máximo, um negociador subalterno, *chevalier d'Éon*[1].

No fim de agosto de 1793, quando os homens do antigo regime que comandavam em Toulon decidiram entregar a frota e a cidade aos coligados, Lyon tinha desfraldado a bandeira branca; a guerra civil ia mal no Languedoc e na Provença; o exército espanhol vitorioso atravessara os Pirineus e invadia o Roussillon. Por seu lado, o exército piemontês transpusera os Alpes e encontrava-se às portas de Chambéry, que fica a apenas três dias de marcha de Lyon.

Se trinta mil ingleses, sardos, espanhóis, napolitanos tivessem se unido em Toulon aos doze mil federados, esse exército de quarenta mil homens, com uma base tão importante, teria muito bem conseguido subir o Ródano e teria chegado até Lyon. Ele teria, então, se unido, à direita, ao exército piemontês e, à esquerda, ao exército espanhol.

Mas pode-se dizer que, naquela época, essas idéias de grande guerra, que as campanhas da Revolução fizeram nascer entre nós, teriam passado por quiméricas aos olhos dos ve-

---

[1] Militar e agente secreto francês, Charles de Beaumont, Chevalier d'Éon (1728-1810), tornou-se célebre como agente secreto, desempenhando suas missões travestido de mulher. Foi como mulher que se introduziu na Corte russa em meados do século XVIII, e com tal êxito em seu disfarce que chegou a ser leitor*a* da czarina Isabel... (N. do T.)

lhos oficiais que dirigiam as tropas da coligação. Os mais instruídos conheciam apenas as guerras de Frederico II, durante as quais as operações de um corpo do exército dependiam sempre dos movimentos possíveis da *boulangerie*. Nenhum deles, para felicidade da França, tinha o mínimo lampejo de gênio e o acaso decidiu quase sozinho as batalhas.

Como o objetivo deste escrito é dar a conhecer Napoleão, e não contar os fatos de sua vida em estilo acadêmico, decidi-me por inserir aqui o relato do cerco de Toulon tal como foi apresentado por esse grande homem. Farei o mesmo em relação à campanha da Itália, que teve lugar de 10 de abril de 1796 a 12 de maio de 1797.

Quer isso dizer que, após ter narrado de maneira sucinta as batalhas, transcreverei os longos relatos ditados por Napoleão em Santa Helena. Desse modo, aproximadamente um quarto dos dois primeiros volumes será transcrito das obras de Napoleão.

Nada teria sido mais fácil do que aproveitar esses relatos, resumindo-os; teria evitado uma crítica fácil de ser feita. Dever-se-ia, dizem, tirar partido dos relatos de Napoleão, como Rollin tira de Tito Lívio em sua *História Romana*. Essa forma de agir teria sido para mim um sacrilégio. A meu ver, uma história de Napoleão que não colocasse diante do leitor os relatos da campanha da Itália, tal como esse grande homem os legou, não poderia pretender dar a conhecer seu caráter, sua maneira de enfrentar a desgraça, sua forma de ver os homens e as coisas.

Bem diferentes foram os acontecimentos de 1800 a 1814. Nessa época, Napoleão queria fazer-se ou manter-se imperador e encontrou-se diante da dura necessidade de mentir com freqüência. Não usarei vinte páginas dos relatos dessa segunda época.

Outro motivo levou-me a transcrever os relatos que Napoleão deixou de suas principais batalhas. Considerei que o leitor que só conhece Napoleão por meio da maior parte das histórias sobre esse grande homem, publicadas até aqui, é obrigado a admirar seu talento para a guerra confiando no que dizem.

Ora, acreditei que não era impossível *contar* suas batalhas e torná-las compreensíveis, mesmo para o leitor não-militar. Antes de 1790 um relato desse gênero teria sido impossível; para narrar as batalhas, o estilo francês só admitia, então, as elegantes frases do abade de Vertot ou o estilo pueril de Voltaire.

Hoje em dia creio que a grande dificuldade nas letras consiste em ter uma idéia clara. Quando tem essa felicidade e aceita renunciar à glória do estilo enfático, um escritor pode ter a certeza de ser entendido pelo leitor. Ora, nada é mais fácil do que ter uma idéia clara de Rivoli.

Atrevo-me a esperar que, com o auxílio de um mapa da Itália de dez francos, qualquer leitor entenderá as batalhas de Castiglione, de Arcoli e de Rivoli, que impediram os austríacos de socorrer Mântua e que constituem como que o pano de fundo da campanha da Itália.

Por muito tempo hesitei em transcrever o longo relato do cerco de Toulon. Esse cerco poderia muito bem ser explicado em seis páginas, mas:

1º) o leitor pode pular sem inconvenientes o relato de Napoleão;

2º) o relato da primeira vitória desse grande general parece-me extremamente curioso;

3º) nas várias pesquisas que fiz junto a contemporâneos, não pude descobrir mentiras no relato a ser lido. Foi apenas depois de Lodi que Napoleão pensou em ser outra coisa além de um general da República.

CAPÍTULO III

Após o cerco de Toulon, em 6 de fevereiro de 1794, Napoleão foi nomeado general-de-brigada e enviado ao exército da Itália para comandar a artilharia. O general-em-chefe Dumerbion era velho, bom, honesto, mas sem nenhum talento. Seu chefe de estado-maior não estava de maneira nenhuma em condições de suprir o que faltava ao general-em-chefe. Fazia três anos que se disparavam tiros sem arte nem resultado pelas altas montanhas situadas ao norte de Nice (os Alpes marítimos) e que se mantinham os soldados dispersos por entre os estéreis rochedos, onde morriam de fome.

O nome do general Bonaparte estava em todas as bocas. Não passava pela cabeça de ninguém ridicularizar aquele homenzinho tão pálido, tão magro e tão franzino. Sua conduta austera, sempre severamente calculada para obter respeito, valeu-lhe o do exército. Logo aconteceu a operação de Saorgio, e os soldados viram nele um homem extraordinário, um coração em que ardia o desejo de glória e de conseguir vitórias para a República.

Na época de sua chegada a Nice, tinha como ajudantes-de-ordens Muiron e Duroc. O general de artilharia propôs um plano de operações adotado num conselho de guerra, composto pelos representantes do povo Robespierre, o jovem[1], e Ricord e pelos generais Dumerbion, Masséna, Rusca, etc. Tratava-se de envolver a famosa posição de Saorgio que, havia muito tempo, detinha o exército. Este pôs-se em movimento em 6 de abril de 1794, precisamente o

---
[1] Augustin Robespierre, irmão de Maximilien. (N. do T.)

dia seguinte àquele em que um dos fundadores da República, o homem que nenhuma das revoluções posteriores tentadas na Europa apresentou igual, Danton, foi enviado à morte por um rival que esse espírito altaneiro desprezara demasiadamente.

A Revolução, portanto, já estava bem adiantada no momento em que Napoleão aparece para nela assumir um papel; a época da energia vai terminar com a necessidade que se tinha dela.

Em 8 de abril, Masséna tomou os montes que dominavam a cidade de Oneglia. No porto dessa cidade, encontravam-se os navios de guerra ingleses, aliados ativos e alertas dos exércitos austríacos e piemonteses.

No dia 29, Masséna tomou Saorgio. Em 8 de maio, transpôs o colo de Tende e, enfim, no dia seguinte o exército da Itália estava em comunicação com o exército dos Alpes.

Assim, seguindo o plano do jovem general de artilharia, o exército da Itália tinha realizado o que se tentava em vão havia dois anos. Os soldados da República ocupavam a cadeia superior dos Alpes marítimos; tinham capturado setenta peças de canhão, feito quatro mil prisioneiros e conquistado duas praças-fortes: Oneglia e Saorgio.

O general-em-chefe, Dumerbion, teve a boa vontade de escrever ao comitê da Guerra: "Devo ao talento do general Bonaparte as inteligentes estratégias que nos trouxeram a vitória".

Napoleão ousou propor um plano mais vasto que aquele que acabava de dar certo: tratava-se de reunir o exército dos Alpes ao da Itália em Cuneo, o que teria valido o Piemonte para a República francesa e a levaria, sem grande esforço, até o Pó. Não foi possível chegar a um acordo com o estado-maior do exército dos Alpes, porque teria sido preciso fundir os dois exércitos sob o comando de um mesmo general e porque cada um deles agarrou-se a seu posto.

O general Dumerbion, longe de invejar seu general de artilharia, estava encantado com seu talento e apressou-se a seguir um terceiro plano, por meio do qual o exército da Itália foi levado até Savona e às portas de Ceva.

Depois da vitória de Saorgio, ficou-se sabendo no exército que uma divisão austríaca ia ocupar Dego, às margens do Bormida, para de lá juntar-se a uma divisão inglesa que deveria desembarcar em Vado; as duas forças, reunidas, ocupariam Savona.

Era preciso impedir essa junção. O general de artilharia, que dia e noite estudava o terreno, propôs que se tomassem os montes de San Giacomo, de Montenotte, de Vado, de modo a estender a direita do exército até Gênova. A má vontade do Senado genovês era evidente, não menos que o patriotismo das classes inferiores, que, aliás, ganhavam muito dinheiro fornecendo pão aos franceses.

O general Dumerbion gostou da idéia; penetrou no Piemonte margeando o Bormida e, descendo para a planície, ameaçou a retaguarda do exército austríaco, que recuou imediatamente para Dego. Perseguidos pelo general Cervoni, os austríacos retiraram-se precipitadamente para Acqui, abandonando Dego e seus depósitos. O exército francês acabava de percorrer os campos de batalha de Montenotte e Millesimo, que, um ano mais tarde, Napoleão tornaria conhecidos ao mundo; voltou a atravessar os Apeninos e viu novamente o mar; mas, amante da costa, daquilo que no lugar chamam de *riva* ou *riviera del ponente*, interceptou a comunicação entre os ingleses e os austríacos, apavorou os nobres de Gênova e encorajou os patriotas.

Tais foram os resultados do terceiro plano proposto pelo general Bonaparte.

Esses movimentos singulares do exército da Itália deixaram os coligados surpresos; eles estavam certos de que iriam aniquilar a República. Foi precisamente durante esses primeiros atos do homem que deveria ensinar-lhes a temer a França que foram assinados, em 14 e 19 de abril de 1794, os tratados que uniram solidamente contra a República a Prússia, a Sardenha, a Holanda e a Inglaterra. A Inglaterra, país que mais possuía essa liberdade cuja explosão, na França, causava tanto medo aos reis — e que, graças a essa liberdade que se queria banir, tinha a superioridade tanto das luzes como do dinheiro —, não tardou a pagar e liderar toda a coligação.

Ao contrário dos alemães, os ingleses sabem que o tempo tem preço, sua atenção não se perde no vazio; e, enfim, naquela época eles contavam com um homem (Nelson) digno de lutar contra o general francês. Como este, Nelson tinha um espírito inovador e ódio a seus chefes; ele deveu sua ascensão unicamente ao medo inspirado por Napoleão.

Os alemães tiveram um só general, o arquiduque Carlos; ainda assim seu talento pareceu eclipsar-se quando precisou empregá-lo contra Napoleão e defender os Alpes nóricos. O grande Suvorov só apareceu na Itália quatro anos mais tarde e as intrigas dos austríacos impediram-no de invadir a França. Se as medíocres criaturas que entupiam as cortes tivessem deixado Nelson e Suvorov agir livremente e de comum acordo, a França talvez tivesse perecido; mas os grandes homens só ficam conhecidos após a morte.

Nos ataques da breve campanha de Lono, Bonaparte tinha dado provas de muita bravura; entretanto, os generais mais velhos diziam que ele nunca comandara um batalhão sob o fogo inimigo. O jovem general pretendia que o exército francês aproveitasse essas vitórias para tomar o campo fortificado de Ceva, centro da resistência piemontesa. De lá, teria sido fácil penetrar nas planícies da Itália (o vale do Pó). Mas esse plano de invasão pareceu temerário ao Comitê da Guerra em Paris, a quem ele se dirigiu.

Nesse meio-tempo, os representantes do povo junto ao exército da Itália chegaram à seguinte decisão:

> O general Bonaparte irá a Gênova para, junto com o encarregado de negócios da República francesa, tratar com o governo de Gênova dos assuntos mencionados em suas instruções.
> O encarregado de negócios da República francesa o reconhecerá e o fará reconhecer pelo governo de Gênova.
>
> Loano, 25 de messidor do ano II da República (13 de julho de 1794).
>
> Assinado: Ricord.

A essa decisão foram anexadas as seguintes instruções:

Instruções secretas

O general Bonaparte irá a Gênova.
1º) Verá a fortaleza de Savona e os países circunvizinhos.
2º) Verá a fortaleza de Gênova e os países que importa conhecer no começo de uma guerra cujos efeitos não é possível prever.
3º) Tomará sobre a artilharia e os outros assuntos militares todas as informações possíveis.
4º) Voltando a Nice, entrará na posse de quatro milheiros de barris de pólvora que foram comprados para Bastia e que já foram pagos.
5º) Tratará de averiguar o mais possível a conduta cívica e política do ministro da República francesa Tilly e de seus outros agentes, dos quais chegam até nós queixas diversas.

6º) Tomará todas as providências e recolherá todas as informações capazes de esclarecer a intenção do governo genovês com respeito à coligação.

Feito e decidido em Loano, 25 de messidor do ano II.

Assinado: RICORD.

Essa missão e as instruções que a acompanham mostram a confiança que Bonaparte, apesar de ter apenas vinte e cinco anos, havia inspirado em homens que cuidavam de não se enganar na escolha de seus agentes.

Bonaparte vai a Gênova e ali cumpre sua missão.

Advém o dia 9 de termidor do ano II[2]; os deputados do Terror são substituídos por Albitte e Salicetti. Seja porque, na desordem então reinante, estes ignoraram as ordens dadas ao general de artilharia, seja porque os que invejavam o sucesso nascente do jovem Bonaparte lhes tenham inspirado suspeitas contra ele, o fato é que, em razão da viagem de Bonaparte a Gênova, tomaram a seguinte decisão:

Em nome do povo francês... Liberdade, Igualdade.

Os representantes do povo junto ao exército dos Alpes e da Itália.

Considerando que o general Bonaparte, comandante-em-chefe da artilharia do exército da Itália, *perdeu totalmente a confiança destes, por uma conduta das mais suspeitas e sobretudo pela viagem que fez ultimamente a Gênova*, decidem o que segue:

O general-de-brigada Bonaparte, comandante-em-chefe da artilharia do exército da Itália, está provisoriamente suspenso de suas funções. Será posto, sob os cuidados e a responsabilidade do general-em-chefe do dito exército, em estado de prisão e levado diante do Comitê de Salvação Pública, em Paris, sob uma boa e segura escolta. Todos os seus papéis e pertences serão lacrados e inventariados por comissários nomeados *in loco* pelos representantes do povo Salicetti e Albitte, e todos os ditos papéis considerados suspeitos serão enviados ao Comitê de Salvação Pública.

---

[2] Nesse dia (27 de julho de 1794), Robespierre, Saint-Just e seus partidários foram mandados à guilhotina por Tallien. (N. do T.)

Feito em Barcelonnette, 19 de termidor do ano II da República francesa, una e indivisível e democrática (6 de agosto de 1794).

Assinado: ALBITTE, SALICETTI, LAPORTE.

Pela cópia conforme ao original,
O general-em-chefe da armada de Itália,

Assinado: DUMERBION.

O general Bonaparte endereçou o seguinte protesto aos representantes Albitte e Salicetti:

Os senhores suspenderam-me de minhas funções, detiveram-me e declararam-me suspeito.
Eis-me punido sem ter sido julgado, ou então julgado sem ter sido ouvido.
Num estado revolucionário há duas classes: os suspeitos e os patriotas.
Quando acusados os primeiros, por medida de segurança, são objeto de medidas genéricas.
A opressão da segunda classe significa o esfacelamento da liberdade pública. O magistrado não pode condenar senão depois das mais seguras informações e por meio de uma sucessão de fatos, não deixando nada ao arbítrio.
Declarar um patriota suspeito é um julgamento que lhe tira o que tem de mais precioso: a confiança e a estima.
Em que classe querem me situar?
Desde o começo da Revolução não tenho sido sempre fiel a seus princípios?
Não fui sempre visto em luta, seja contra os inimigos internos, seja, como militar, contra os estrangeiros?
Sacrifiquei a estada em meu departamento, abandonei meus bens, perdi tudo pela República.
Depois, servi em Toulon com certa distinção e mereci no exército da Itália a parte dos louros que este conquistou na tomada de Saorgio, Oneglia e Tanaro.
Quando se descobriu a conspiração de Robespierre, minha conduta foi a de um homem que se deixa reger tão-somente pelos princípios.
Não podem, portanto, negar-me o título de patriota.
Por que, então, sou declarado suspeito sem ser ouvido? Por que me prenderam oito dias depois da notícia da morte do tirano?
Declaram-me suspeito e lacram meus papéis.

Deviam ter feito o contrário: lacrar meus papéis, ouvir-me, pedir-me esclarecimentos e, em seguida, declarar-me suspeito, se fosse o caso.
Desejam que eu vá a Paris, com uma ordem que me declara suspeito. Devo supor que os representantes fizeram isso em decorrência de uma informação e que me julgarão com o interesse que merece um homem dessa classe.
Inocente, patriota, caluniado, o que quer que o Comitê decida, não poderei queixar-me dele.
Se três homens declarassem que cometi um delito, não poderia queixar-me do júri que viesse a me condenar.
Salicetti, você me conhece: viu, nestes cinco anos, algo em minha conduta que seja suspeito aos olhos da Revolução?
Albitte, você não me conhece. Não puderam provar-lhe nenhum fato; você não me ouviu; sabe, entretanto, com que destreza a calúnia por vezes sibila.
Devo ser confundido com os inimigos da pátria? Devem alguns patriotas arruinar um general que não foi de forma alguma inútil à República? Devem alguns representantes colocar o governo na necessidade de ser injusto e impolítico?
Ouçam-me, destruam a opressão que me cerca e restituam-me a estima dos patriotas.
Uma hora depois, se os malevolentes quiserem minha vida, eu a estimo tão pouco. Tantas vezes a desprezei! Sim, apenas a idéia de que ela pode ainda ser útil à pátria faz-me suportar seu fardo com coragem.

O estado de prisão do general Bonaparte durou quinze dias; eis a decisão que a suspendeu:

Os representantes do povo, etc., etc.
Depois de terem examinado escrupulosamente os papéis do cidadão Bonaparte, posto em estado de prisão depois do suplício do conspirador Robespierre, por medida de segurança geral, etc., etc.
Decidem que o cidadão Bonaparte será colocado provisoriamente em liberdade, devendo permanecer no quartel-general, etc., etc.

Feito em Nice, 3 de frutidor do ano II (20 de agosto de 1794).

Assinado: ALBITTE, SALICETTI.

Foi na Itália que o general Bonaparte ligou-se a Duroc, que havia participado de uma parte da campanha como ajudante-de-ordens e capitão de artilharia. Bonaparte tinha horror aos relatórios loquazes e exagerados dos oficiais que ele mandava observar os fatos. O caráter frio e pouco expansivo de Duroc convinha-lhe perfeitamente, pela exatidão *matemática* de seus relatórios. Duroc talvez tenha sido o mais íntimo confidente de Napoleão. Abrindo uma exceção única ao que Napoleão considerava dever à séria comédia em que aprisionou sua vida, ao adotar o título de imperador, ele exigia, mesmo então, que em particular Duroc continuasse a tuteá-lo.

O general Bonaparte teria sido *terrorista*?[3] Ele sempre negou. Terá empregado sua energia exclusivamente a serviço dessa onipotente função, ou terá apenas se passado por terrorista, o que era de estrita necessidade para não perecer? Ele nada fez pelo Terror; havia muito apercebera-se do grande princípio de que, em uma revolução, deve-se fazer tudo pelas massas e nada de particular pelos líderes. Não nego que contemporâneos recomendáveis relatem de forma diversa o risco corrido pelo general Bonaparte. Eis a versão deles:

Durante o inverno de 1794 a 1795, Napoleão foi encarregado da inspeção das baterias das costas do Mediterrâneo; para isso, voltou a Toulon e a Marselha.

O representante do povo comissionado em Marselha temia que a sociedade popular, mais ardente que ele, tomasse o depósito de pólvora que havia pertencido aos fortes Saint-Jean e Saint-Nicolas, destruídos em parte nos primeiros dias da Revolução. Participou suas inquietações ao general Bonaparte, que lhe enviou o projeto para a construção de uma muralha ameada, que fecharia esses fortes do lado da cidade. Esse projeto, que implicava desconfiança do povo, foi enviado a Paris, qualificado de liberticida pela Convenção, e o general Bonaparte citado em juízo.

Era quase uma condenação à morte; muitos generais haviam perecido dessa forma.

O decreto foi-lhe notificado em Nice, onde os representantes comissionados junto ao exército da Itália puseram-no em prisão domiciliar, guardado por dois gendarmes. A situação era ainda mais perigosa porque se começava a falar muito do jovem general Bonaparte e porque os vencedores de Termidor não ignoravam as relações de amizade que existiram entre Ro-

---

[3] Entenda-se: partidário do regime do Terror, encerrado com a queda de Robespierre em 9 de termidor. (N. do T.)

bespierre, o jovem, guilhotinado com o irmão, e ele. Gasparin, que o estimava desde Toulon, nada podia fazer sem o acordo de seus dois colegas. Desgenettes, homem de muito espírito, conta que, nessa situação extrema, seus ajudantes-de-ordens Sébastiani e Junot arquitetaram um plano de passar a sabre os dois gendarmes que guardavam seu general, levá-lo à força e conduzi-lo a Gênova, onde o embarcariam. Por sorte, o inimigo fez movimentos ameaçadores; pressionados pelo risco, cuja responsabilidade pesava sobre suas cabeças, os representantes escreveram ao Comitê de Salvação Pública argumentando que o exército não poderia prescindir do general Bonaparte, e o decreto de citação em juízo foi revogado.

Vê-se que a Convenção governava, mas perdia tempo, com freqüência, em declamações e não tinha o suficiente para examinar, cercada como estava de traidores. Todos os crimes eram punidos com a morte. Os erros sangrentos dessa assembléia serão em parte desculpados aos olhos da posteridade pelas memórias publicadas, sob a Restauração, por Fauche-Borel, Bertrand de Molleville, Montgaillard e tantos outros. De qualquer modo, não se poderá recusar a essa assembléia o mérito de ter salvado a França; e nem a Itália, nem a Espanha, inspiradas por seu exemplo, foram capazes de ter assembléia igual. Como efeito de suas leis, a França, com vinte e cinco milhões de habitantes em 1789, chegou a perto de trinta e três milhões em 1837.

Napoleão negava veementemente ter sido terrorista; contava que um representante considerou-o *fora da lei* porque não queria deixá-lo dispor de todos os cavalos da artilharia para o serviço de correio; mas não consegui confirmar o fato. Napoleão gostava bastante de ridicularizar a República. Importunados, não por sua glória atual, mas por sua glória futura, que dará uma certa aparência de ouropel à glória do império, todos o caluniaram.

Cedo ou tarde, em matéria de glória militar, acaba-se voltando a valorizar as grandes coisas feitas com modestos recursos.

A marcha de Ulm a Austerlitz é brilhante, sem dúvida, mas Napoleão era soberano; que perigo corria seu exército? Vão acabar voltando a preferir Castiglione.

Em Nice, o representante Robespierre, o jovem, tinha se entusiasmado por aquele general melancólico, pensativo, tão diferente dos outros, que nunca dizia coisas vagas e cujo olhar denotava tanto espírito. Chamado a Paris por seu irmão, algum tempo antes do 9 de termidor, Robespierre, o jovem, fez o que pôde para convencer Napoleão a segui-lo. Mas este gostava de estar no exército, onde sentia e fazia ver a todos sua superioridade; não quis ir colocar-se à *disposição dos advogados*.

"Se não me tivesse recusado tão terminantemente", observaria mais tarde, "sabe-se lá aonde poderia conduzir-me um primeiro passo e que outra sorte me aguardava?"

Talvez tivesse feito fracassar o 9 de termidor; sabia lutar nas ruas de Paris, onde houve muitas horas perdidas na vitória de Tallien sobre Robespierre.

De resto, Napoleão fez justiça a Robespierre dizendo que vira as longas cartas dele para o irmão. Robespierre, o jovem, então representante do exército do Sul, desaprovava calorosamente as crueldades revolucionárias, afirmando que elas desonravam a Revolução e acabariam por matá-la.

No exército de Nice havia também outro representante, bastante apagado. Sua mulher, muito bonita, muito agradável, partilhava e, às vezes, dirigia sua missão; ela era de Versalhes. O casal tinha grande consideração pelo general de artilharia; estava encantado com ele e o tratava o melhor possível, sob todos os aspectos, o que era uma enorme vantagem para o jovem general, pois naqueles tempos de agitação e traições, um representante do povo era a voz da lei. Thureau foi um dos que, na Convenção, mais contribuíram para que Napoleão se fizesse notar quando da crise de vendemiário; lembrava-se do grande papel que o vira desempenhar no exército. Contava Napoleão a um de seus fiéis seguidores:

> Eu era bem jovem, naquele tempo, estava feliz e orgulhoso de meu pequeno sucesso; por isso, procurava demonstrá-lo de todas as maneiras possíveis, e você vai ver a que ponto pode chegar o abuso da autoridade, de que pode depender o destino dos homens, pois eu não sou pior que ninguém.
> Passeando um dia com a sra. T... por nossas posições nas vizinhanças do colo de Tende, tive subitamente a idéia de lhe mostrar o espetáculo da guerra e ordenei um ataque da vanguarda. Vencemos, é verdade, mas evidentemente sem nenhuma conseqüência; o ataque era pura encenação e, no entanto, alguns homens nele deixaram sua vida. Sempre que me vem a sua lembrança, reprovo-me por esse ato.

Os acontecimentos de termidor tinham causado uma completa mudança nos Comitês da Convenção. Aubry, ex-capitão de artilharia, viu-se na direção do Comitê da Guerra (isto é, ministro da Guerra). Quando dos grandes perigos por que passou a República, o recrutamento em massa provocara a formação de grande quantidade de corpos do exército; fizeram-se generais à medida da necessidade. Bastava um oficial mostrar audácia e algum talento, e era nomeado general, algumas vezes general-em-chefe. Mas, em contrapartida, enviavam-se ao tribunal revolucionário os generais que não vencessem, por mais coragem que tivessem demonstrado (Houchard).

Esse sistema, aparentemente absurdo e objeto de zombarias em toda a Europa monárquica, valeu à França todos os seus grandes generais. Quando o sistema de promoções tornou-se razoável e foi dirigido por um homem que entendia do assunto (Napoleão), passamos a ter apenas homens sem caráter, os lugares-tenentes de Napoleão, sob cujo comando seus exércitos foram sempre vencidos, de 1808 a 1814 (na Espanha, na Alemanha, etc., Macdonald, Oudinot, Ney, Dupont, Marmont, etc.).

Durante os tempos heróicos da França, nada era mais comum do que ver oficiais recusarem a promoção. No caso de alguns, por prudência; no da maior parte, por não quererem separar-se de uma companhia, de um regimento onde tinham compatriotas e amigos. Vários destes, que depois se tornaram ambiciosos, arrependeram-se muito dessas recusas por volta de 1803, quando o entusiasmo foi substituído pelo egoísmo. Havia também razões para os espíritos destituídos de nobreza: em 1793, 94, 95 não eram pagos; assim, nada compensava os perigos reais de uma maior responsabilidade. Aubry elaborou um novo quadro do exército e não esqueceu de si: nomeou-se general de artilharia e favoreceu vários de seus antigos companheiros, em detrimento da última fileira, que reformou.

Napoleão, na época com apenas vinte e cinco anos, tornou-se general de infantaria e foi designado para servir na Vendée. Deixou o exército da Itália e veio a Paris, para reclamar contra a injustiça de que era vítima.

As queixas a Aubry constituíram uma verdadeira cena; Napoleão insistia com veemência, por ter o respaldo de algumas ações brilhantes; Aubry obstinava-se severamente, porque tinha o poder e, como jamais tinha visto o fogo do embate, não sabia o que opor às ações do jovem general.

— O senhor é jovem demais — dizia ele. — É preciso ceder lugar aos antigos.

— Envelhece-se depressa no campo de batalha — respondia Napoleão —, e eu venho de lá.

Um homem velho e sem glória fica feliz quando pode prejudicar um jovem que fez mais do que ele; Aubry manteve sua decisão.

Napoleão, irritado pela maneira como fora tratado, pediu demissão ou foi destituído, e, como Michelangelo em uma ocasião semelhante, pensou em oferecer seus serviços ao Grão-Turco.

Em uma obra que merece muito pouco crédito, encontrei o seguinte decreto:

LIBERDADE, IGUALDADE

Ampliação de uma resolução do Comitê de Salvação Pública, em 29 de frutidor do ano III (15 de setembro de 1794).

O Comitê de Salvação Pública decreta que o general Bonaparte será suprimido da lista de oficiais generais ativos, visto ter-se recusado a assumir o posto que lhe foi designado.

Assinado: LETOURNEUR (da Manche), MERLIN (de Douai), T. BERLIER, BOISSY, CAMBACÉRÈS, presidente.

Sébastiani e Junot tinham acompanhado seu general a Paris; alojaram-se juntos em um pequeno cômodo na Rue du Mail, em um hotel perto da Place des Victoires. Bonaparte nada havia roubado; se o pagavam, faziam-no por meio de *assignats*[4] que quase não tinham valor; logo viu-se em extrema dificuldade. Supôs-se que, nessa ocasião, ele se envolveu em alguma intriga junto com Salicetti, depois implicado no movimento insurrecional de 1º de prairial (20 de maio de 1795); em todo caso, via-o com freqüência e manifestava-lhe o desejo de ficar a sós com ele.

Um dia, Salicetti entregou três mil francos em *assignats* ao general, em pagamento da carruagem deste, que se via obrigado a vendê-la.

---

[4] Papel-moeda criado pela Revolução, com valor garantido pelo Estado francês. (N. do T.)

Enquanto estava na triste situação de solicitante frustrado, Bonaparte soube que seu irmão mais velho, Joseph, acabara de casar-se em Marselha com a srta. Clary, filha de um rico comerciante daquela cidade. Aquela situação tranquila e feliz surpreendeu-o. "Como é feliz esse espertalhão do Joseph!", exclamou. Bonaparte redigiu um bilhete, por meio do qual oferecia ao governo ir para Constantinopla, *a fim de aumentar os recursos militares da Turquia* contra a Rússia. Esse bilhete ficou sem resposta.

Napoleão foi obrigado a vender algumas obras militares que trouxera de Marselha; depois vendeu o relógio. Uma mulher inteligente que esteve diversas vezes com Napoleão, em abril e maio de 1795, aceitou coligir suas lembranças e passar-me as anotações que seguem:

> Era com certeza o ser mais magro e incomum que eu havia encontrado em toda a minha vida. Segundo a moda da época, usava imensas *oreilles-de-chien*[5], que lhe desciam até os ombros. O olhar típico dos italianos, especial e muitas vezes um pouco sombrio, não tinha a prodigalidade dos cabelos. Em vez de dar a impressão de um homem inteligente e fervoroso, passava mais facilmente a de alguém que não seria agradável encontrar num bosque.
>
> A figura do general Bonaparte não inspirava confiança. O redingote que usava estava de tal forma puído, ele tinha uma aparência tão *lastimável*, que mal pude crer, a princípio, que aquele homem fosse um general. Mas acreditei na mesma hora que se tratava de um homem inteligente ou, ao menos, muito especial. Lembro-me que achei que seu olhar evocava o de J.-J. Rousseau, que eu conhecia pelo excelente retrato de La Tour, que N... tinha então em sua casa.
>
> Ao rever esse general de nome peculiar pela terceira ou quarta vez, perdoei-lhe pelas exageradas *oreilles-de-chien*. Fazia-me pensar num provinciano que exagera as modas, mas que, apesar desse ridículo, pode ter algum valor. O jovem Bonaparte tinha um belo olhar, que luzia quando ele falava.
>
> Se não fosse magro a ponto de ter o ar doentio e dar dó, poder-se-iam notar nele traços cheios de finura. A boca, sobretudo, tinha um contorno muito gracioso. Um pintor, aluno de David, que freqüentava N..., onde eu costumava ver o general, disse que seus traços tinham uma forma grega, o que me fez respeitá-lo.

---

[5] Penteado constituído de longas mechas que caíam sobre as têmporas. (N. do T.)

Alguns meses mais tarde, depois da revolta de vendemiário, soubemos que o general tinha sido apresentado à sra. Tallien, então rainha da moda, e que ela ficara impressionada com seu olhar. Isso não nos surpreendeu nem um pouco. O fato é que, para ser julgado favoravelmente, faltava-lhe apenas estar vestido de forma menos miserável. No entanto, naqueles tempos, ao sair do Terror, não se era severo com a indumentária. Lembro-me ainda que o general relatava muito bem o cerco de Toulon ou, pelo menos, conseguia interessar-nos e entreter-nos. Ele falava muito e inflamava-se ao relatar; mas havia também dias em que não saía de um melancólico silêncio. Diziam que era pobre e orgulhoso como um escocês; recusava-se a aceitar o cargo de general na Vendée e deixar a artilharia. "É a minha arma", repetia sempre, o que nos fazia rir muito. Nós, as jovens, não compreendíamos como a artilharia, os canhões, pudessem servir de espada a alguém.

Lembro-me ainda que vigorava então a lei do preço máximo. Pagavam-se todas as provisões e o pão por meio de *assignats*; por isso, os camponeses não levavam nada ao mercado. Quando se convidava uma pessoa para jantar, ela levava seu pão; quando uma amiga de N..., nossa vizinha no campo, jantava em casa, trazia um pedaço de um excelente pão branco e dava-me a metade. Gastavam-se na casa talvez cinco ou seis francos por semana, em dinheiro. Compreendo muito bem por que o general Bonaparte, que recebia seu soldo em *assignats*, era tão pobre. Ele não tinha em absoluto o aspecto militar, agressivo, fanfarrão, grosseiro. Parece-me, hoje, que se podia ler nos contornos de sua boca, tão fina, tão delicada, tão bem-feita, que ele desprezava o perigo e que o perigo não o encolerizava.

Essa época foi desfigurada por um homem que, mais tarde, Napoleão viu-se obrigado a afastar por sua notória improbidade e com base em cujas anotações carregadas de raiva um livreiro editou umas memórias.

Testemunhos mais dignos de crédito fornecem detalhes sobre a pobreza do homem que, na verdade, naquela época, conquistara Toulon e ganhara a batalha de Loano. Eles relatam que, então, Talma, iniciando a carreira no Théâtre-Français, onde era perseguido pelos atores mais antigos exatamente como o jovem general pelo velho capitão Aubry, dava ingressos ao general, quando os podia obter do bilheteiro. Para não omitir nenhum detalhe, direi que Napoleão, por medida de economia, usava sempre calças de couro de gamo. Junot tinha um pouco de dinheiro; convenceram-no a aplicá-lo no comércio de móveis, na Place du Carrousel, mas ele perdeu esse dinheiro.

Uma mulher bastante pretensiosa e fabulosamente feia notou os belos olhos do general, perseguiu-o com suas intenções ridículas e tentou ganhar seu coração oferecendo-lhe bons jantares. Ele fugiu. Entretanto, como tenho profundo respeito pelas testemunhas oculares, por mais ridículas que às vezes sejam, transcreverei o relato dessa senhora.

No dia seguinte a nosso segundo retorno da Alemanha em 1795, em maio, encontramos Bonaparte no Palais-Royal, no escritório de um certo Girardin. Bonaparte cumprimentou Bourienne como um amigo de colégio que se revê com prazer. Fomos ao Théâtre-Français, onde estava em cartaz uma comédia: *Le sourd ou l'Auberge pleine*. Todo o auditório ria às gargalhadas. O papel de Dasnières era representado por Baptiste, e nunca ninguém o representou melhor que ele. As gargalhadas eram tantas, que o ator teve de interromper sua fala diversas vezes. Apenas Bonaparte manteve um silêncio glacial, o que muito me impressionou. Notei por essa época que tinha um caráter frio e freqüentemente sombrio; o sorriso dele era falso e muitas vezes fora de propósito; e, a esse respeito, lembro-me que, nessa mesma época, poucos dias depois de nossa volta, ele teve um de seus momentos de hilaridade desenfreada, que me fez mal e indispôs-me contra ele.

Contou-nos, com uma alegria encantadora, que, estando diante de Toulon, onde comandava a artilharia, um oficial de sua arma e sob suas ordens recebeu a visita da mulher, a quem se unira havia pouco e que amava ternamente. Poucos dias depois, recebeu a ordem de lançar um novo ataque à cidade e o oficial foi convocado. A mulher deste foi ao comandante Bonaparte pedir-lhe, em lágrimas, que dispensasse seu marido naquele dia. O comandante permaneceu insensível, conforme ele próprio nos contava, com uma alegria encantadora e feroz. Chegou o momento do ataque e esse oficial, que sempre fora de uma bravura extraordinária, conforme o próprio Bonaparte dizia, teve o pressentimento do fim próximo, empalideceu. Estremeceu. Colocou-se junto ao comandante e, em um momento em que o fogo da cidade tornou-se intenso, Bonaparte disse-lhe: "Cuidado! Lá vem uma bomba em nossa direção!" Em vez de correr, acrescentou, o oficial curvou-se e foi cortado em dois. Bonaparte ria às gargalhadas, ao citar a parte do oficial decepada.

Naquela época nós o víamos quase todos os dias; vinha jantar conosco com freqüência; e, como faltava pão e, às vezes, no setor, só se distribuíam duas onças por dia, costumava-se dizer aos convidados para trazerem seu pão, pois não podia ser comprado com dinheiro. Ele e o irmão mais moço, Luís, que era seu ajudante-de-ordens, jovem doce e amável, traziam seu pão de ração, que era preto e cheio de farelo; é com tristeza que o digo, mas o ajudante-de-ordens comia-o inteiro, e nós dávamos ao general um pão bem branco, que conseguíamos mandando-o fazer às escondidas por um padeiro, com a farinha trazida clandestinamente de Sens, onde meu marido tinha fazendas. Se tivessem nos denunciado, haveria motivos para irmos parar no cadafalso.

Passamos seis semanas em Paris e fomos muitas vezes com ele aos espetáculos e aos belos concertos de Garat, apresentados na rue Saint-Marc. Eram as primeiras reuniões animadas desde a morte de Robespierre. Sempre havia originalidade na maneira de ser de Bonaparte, pois com freqüência ele desaparecia de nossas vistas, sem dizer nada, e, quando o julgávamos longe do teatro, viamo-lo na segunda ou terceira classe, sozinho em um camarote, com ar de tédio.

Antes de partirmos para Sens, onde fui mãe pela primeira vez, procuramos um apartamento maior e mais alegre que o da rue du Grenier Saint-Lazare, que não passava de um alojamento provisório. Bonaparte ajudou-nos a procurar, e nos decidimos por um, na rue des Marais, nº 19, em um bonito prédio novo. Ele queria ficar em Paris e foi ver um apartamento em frente ao nosso. Tencionava alugá-lo juntamente com seu tio Fresch, depois cardeal, e um certo Patrault, um de seus antigos professores do colégio militar; ali disse-nos um dia: "Esta casa, com meus amigos, em frente à de vocês, e um cabriolé, e eu serei o mais feliz dos homens".

Partimos para Sens e ele não alugou o apartamento, pois outros grandes acontecimentos estavam por vir. No intervalo entre nossa partida e o funesto dia de vendemiário, houve várias cartas trocadas entre ele e seu colega. Essas cartas eram as mais afetuosas e amáveis. (Foram roubadas mais tarde, ver-se-á como.)

Quando voltamos, em novembro do mesmo ano, tudo havia mudado. O amigo de colégio transformara-se em grande personagem: comandava Paris, em recompensa pelos acontecimentos de vendemiário. O prédio da rue des Marais tornara-se um magnífico palacete na rue des Capucines; o modesto cabriolé transformara-se numa carruagem soberba, e ele próprio não era mais o mesmo; os amigos de infância foram ainda recebidos

pela manhã; eram convidados para suntuosos jantares, nos quais, às vezes, encontravam-se algumas senhoras, entre elas a bela sra. Tallien e sua amiga, a graciosa sra. de Beauharnais, por quem ele começava a interessar-se.
Ele importava-se pouco com os amigos e já não os tuteava. Falarei de um apenas, Rey, filho de um cavaleiro de São Luís, cujo pai havia morrido no cerco de Lyon, onde ele também estava, salvando-se por milagre. Era um jovem gentil e amável, devotado à causa real. Nós também o víamos todos os dias. Indo à casa de seu colega de colégio, não conseguiu tratá-lo de *senhor*. Por isso, este voltou-lhe as costas e, quando Rey o reviu, Napoleão não lhe dirigiu mais a palavra. Jamais fez nada por ele, senão conseguir-lhe um miserável posto de inspetor de víveres, que Rey não pôde aceitar. Morreu três anos depois, do pulmão, chorado por todos os seus amigos.
Bourienne via Bonaparte de quando em quando depois do 13 de vendemiário. Mas, no mês de fevereiro de 1796, meu marido foi detido às sete horas da manhã por um bando armado de fuzis, como emigrado que havia retornado; eles o arrancaram de sua mulher e de seu filho de seis meses.
Eu o segui; levaram-no do corpo da guarda à seção, e da seção a não sei mais aonde. Foi tratado em toda parte da maneira mais infame e, enfim, à noite, jogaram-no na cela da chefatura de polícia, onde passou duas noites e um dia, misturado a tudo o que havia de pior, até com malfeitores. Sua mulher e seus amigos correram a cidade toda em busca de protetores, indo ver, entre outros, Bonaparte. Foi difícil encontrá-lo; a sra. Bourienne, acompanhada de um amigo de seu marido, ficou esperando o comandante de Paris até meia-noite. *Ele não veio.* Ela voltou no dia seguinte, de manhã bem cedo; expôs-lhe o que acontecera com seu marido (naquela época, sua cabeça estava em jogo). Ele não se comoveu muito com a situação do amigo. Entretanto, decidiu escrever ao ministro da Justiça, Merlin. A sra. Bourienne levou a carta à casa do destinatário; encontrou-o na escada, saindo para ir ao Diretório; estava vestido com pompa, ornado de não sei quantas plumas e com um chapéu à Henrique IV, o que contrastava estranhamente com sua silhueta. Abriu a carta e, talvez porque o general não lhe inspirasse mais simpatia que a causa da prisão de Bourienne, respondeu que aquilo não era mais de sua alçada, que agora dizia respeito ao Ministério Público, etc., etc.

No ano III (1794), Pontécoulant foi nomeado presidente do Comitê da Guerra, o que o levou a preencher vários dos cargos mais importantes do Ministério da Guerra. Para ter um pouco de tranqüilidade e ficar ao abrigo dos solicitantes, estabeleceu-se em um local retirado, no sexto andar do pavilhão de Flore, no palácio das Tulherias.

Andava muito preocupado com o exército da Itália; não recebia nenhuma das cartas que, sem dúvida, lhe eram mandadas desse exército. Escreviam-lhe de Marselha dizendo que o exército da Itália morria de fome; enfim, as coisas chegaram a tal ponto que o Comitê da Guerra temia que, um belo dia, chegasse a notícia do aniquilamento desse exército.

Certo dia, o representante Boissy d'Anglas encontrava-se dizendo a um de seus colegas da Convenção que ele conhecia um jovem que fora expulso do exército da Itália como terrorista e, a seu ver, erradamente.

— Ele tem muitas idéias — acrescentou — e talvez pudesse dar aos senhores boas informações.

— Mande-o vir falar comigo — disse Pontécoulant.

No dia seguinte, viu chegar no sexto andar do pavilhão de Flore a criatura mais magra e singular que vira em sua vida. Boissy d'Anglas dissera-lhe que ele se chamava general Bonaparte, mas Pontécoulant não guardara esse estranho sobrenome; considerou, entretanto, que essa criatura, de aparência tão extraordinária, não raciocinava mal.

Coloque tudo o que o senhor me disse no papel; faça um relatório e traga-o a mim.

Alguns dias depois, Pontécoulant reencontrou Boissy d'Anglas e disse-lhe:

— Estive com o tal homem, mas ele deve ser louco; não voltou.

— É que ele achou que o senhor não o levava a sério; imaginava que o senhor iria fazê-lo trabalhar consigo.

— Não seja por isso; encontre-o e mande-o voltar amanhã.

Bonaparte veio, entregou gravemente o relatório e foi-se. Pontécoulant mandou que o lessem enquanto fazia a barba e ficou de tal forma impressionado com o que ouviu, que ordenou que corressem atrás do jovem; mas não o encontraram mais na escada; ele voltou no dia seguinte. Depois de analisar os fatos contidos no relatório, o representante disse-lhe:

— O senhor quer trabalhar comigo?

— Com prazer — respondeu o jovem general, sentando-se a uma mesa.

Pontécoulant achou que aquele jovem general compreendia perfeitamente a situação do exército da Itália e suas necessidades.

De acordo com os planos de Bonaparte, esse exército ocupou Vado e o aprovisionamento foi quase assegurado.

— O que pretende o senhor fazer futuramente? — perguntou Pontécoulant ao jovem, um dia.

— Vou para Constantinopla; o Grão-Senhor tem bons soldados, mas precisa de gente que saiba conduzi-los à européia.

Na época em que Bonaparte começou a trabalhar com Pontécoulant, o Comitê do Aprovisionamento, do qual este era membro, mal conseguia assegurar o abastecimento de Paris, à razão de duas onças diárias de pão por pessoa. A miséria em que se encontrava Bonaparte era partilhada por todos os funcionários do governo que não tivessem alguma fortuna pessoal.

Pontécoulant, que o estimava, solicitou ao Comitê de Artilharia que Bonaparte fosse nomeado general nessa arma; seu pedido foi rejeitado com vigor: "É preciso conhecimentos específicos", disseram-lhe, "e o jovem não os tem; é preciso uma experiência que ele não possui; sua promoção foi escandalosa pela rapidez; diga-lhe que deve se dar por contente de ser general-de-brigada da infantaria".

Após terem trabalhado noite e dia durante sete meses, os comitês da Convenção foram remodelados, e Pontécoulant substituído por Letourneur.

— Não quero trabalhar com este homem — disse-lhe Napoleão.

— Mais uma vez, que pensa em fazer?

— Vou para Constantinopla.

Algum tempo depois, deram-se os acontecimentos de 13 de vendemiário; a Convenção precisou de pessoas de valor e Napoleão foi admitido. Jamais se esqueceu do homem que o estimou e o salvou da miséria.

Quando se tornou cônsul, mandou chamar Pontécoulant.

— O senhor está nomeado senador — disse-lhe, com aquele olhar encantador que tinha quando se acreditava livre para seguir os impulsos do coração.

— A graça que o senhor quer conceder-me é impossível — respondeu Pontécoulant. — Tenho apenas trinta e seis anos e, para esse cargo, é preciso ter quarenta.

— Está bem, será então prefeito de Bruxelas, ou de qualquer outra cidade que lhe convenha; mas lembre-se que é senador e venha ocupar seu cargo quando tiver idade suficiente; gostaria de poder mostrar-lhe que não esqueci o que senhor fez por mim.

Alguns anos mais tarde, Pontécoulant, senador, morava em Paris; teve a imprudência de ser fiador de um de seus amigos; tratava-se de uma quantia de trezentos mil francos, que o amigo não pôde pagar, e Pontécoulant viu-se numa situação extremamente embaraçosa: iria ter de vender o único bem que possuía (as terras de Pontécoulant, departamento de Calvados).

— Por que não recorre ao imperador? — sugere-lhe um amigo. — Ele mostra por você uma amizade especial.

— Na verdade, não me atrevo a fazê-lo — respondeu Pontécoulant. — Seria uma indiscrição, causaria embaraços ao imperador e a mim.

Finalmente, um dia, bastante mortificado por ter de vender a terra, Pontécoulant pediu uma audiência ao imperador, a quem relatou o que lhe acontecera.

— Há quanto tempo o senhor está nesta situação? — perguntou-lhe Napoleão.

— Três meses, senhor.

— Pois bem, o senhor perdeu três meses. Acredita que posso esquecer o que fez por mim? Fale hoje mesmo com o tesoureiro de minha folha civil, que lhe entregará os cem mil escudos.

Alguns anos depois, Pontécoulant teve ocasião de conhecer Constantinopla, aonde foi justamente para secundar o general Sébastiani, durante a semana que deu notoriedade a este. Ele enganara um almirante inglês, que queria e podia tomar Constantinopla, mas nada tomou. O imperador tinha ordenado que Pontécoulant fosse recebido em toda parte com a mais alta distinção.

Vejamos agora como aconteceu o 13 de vendemiário, que restituiu um papel ao vencedor de Toulon.

Depois que os acontecimentos de 1795 afastaram os perigos iminentes, voltou-se à normalidade; mas, juntamente com o fogo da paixão, a energia e o entusiasmo extinguiram-se.

A morte de Danton, a queda de Robespierre e da terrível *Comuna de Paris* marcaram essa grande época. Até então, o sentimento republicano crescera em todos os corações; depois do 9 de termidor, ele começou a enfraquecer em toda parte. Pode-se dizer que a República foi ferida de morte com a execução de Danton. Agonizou durante seis anos, até 18 de brumário (9 de novembro de 1799).

Há que confessar, nada é mais incômodo que a ditadura do mais digno. Assim que o governo não é mais indispensável, todo o mundo o acha incômodo; é que o povo só tem força e só é alguma coisa quando está com raiva; quando isso acontece, nada lhe custa. Diminuída a raiva, o menor sacrifício parece-lhe impossível.

Depois do 9 de termidor, a Convenção foi governada sucessivamente por várias facções, mas nenhuma soube impor uma preponderância duradoura. Várias vezes o entusiasmo que se acreditava indispensável para a manutenção da República procurou reconquistar o poder, sem sucesso; as pessoas frias levaram a melhor. O partido realista logo procurou tirar vantagem das meias medidas tomadas por elas.

Essa é a história de todas as tentativas de golpe de Estado, de todas as pequenas batalhas que se seguiram à grande, do 9 de termidor. Todavia, o regime frágil que se seguiu a essa revolução não ousou abandonar inteiramente os grandes princípios proclamados no tempo de Danton, e viu-se a energia anterior dar seus frutos: era como a energia de Richelieu na época do frágil Luís XIII.

A Holanda foi conquistada por Pichegru. Um soberano, na verdade o mais sábio de todos, Leopoldo, grão-duque da Toscana, condescendeu em firmar a paz com a República; a Vendée, que estivera tão perto de vencer e à qual faltou apenas um general ou um príncipe de sangue real, negocia com a Convenção. A *Comuna de Paris* governara com freqüência, desde sua instauração, em 31 de maio. Essa grande cidade é muito poderosa; tem o privilégio de escolher o governo da França em momentos de crise. Mas sua prefeitura foi dividida em doze (os doze distritos municipais), e não se falou mais nisso.

As escolas centrais e a Escola Politécnica são fundadas; foi a melhor época da *instrução pública*. Esta não tardou a atemorizar os governantes e, desde então, sob qualquer pretexto, sempre se procurou deteriorá-la. Hoje, ensina-se às crianças que *equus* significa cavalo; mas procura-se não lhes ensinar o que é um cavalo. As crianças, em sua indiscreta curiosidade, poderiam acabar perguntando o que é um magistrado e, bem pior, o que deveria ser um magistrado. Busca-se formar espíritos medíocres e aperfeiçoar alguns conhecimentos parciais, ao passo que não existe nenhum curso de política, de moral e de lógica. O próprio Bonaparte teve medo da Escola Politécnica e só resolveu visitá-la depois de retornar da ilha de Elba.

Em 12 de germinal do ano III (1º de abril de 1795), o partido da energia tentou retomar o poder. Collot d'Herbois, Billaud-Varennes, Barrère, Vadier, que fizeram essa tentativa, foram deportados, e não guilhotinados. A Prússia, despótica e guerreira, foi obrigada a pensar em suas províncias na Polônia e assinou a paz com a República. No interior, os bens dos condenados foram devolvidos às famílias.

Em 1º de prairial do ano III, a Convenção vê-se de novo em perigo; seu recinto é fechado; a cabeça do representante Ferraud, espetada na ponta de uma lança, é apresentada ao intrépido Boissy d'Anglas, que saúda com respeito a cabeça do colega.

O partido da energia é mais uma vez repelido. A França teria corrido os maiores perigos, mas o partido fraco, a quem coubera a vitória, teve a sorte de encontrar o general Bonaparte e suas vitórias.

Foi um *sursis* de três anos; logo esse partido teve medo do general e enviou-o para o Egito. Então, em 1799, a França quase perece. Sua salvação deveu-se apenas ao acaso, isto é, à batalha de Zurique e às mesquinharias dos austríacos, que espicaçaram o amor-próprio do selvagem Suvorov.

Se o sentimento religioso tivesse tido alguma energia após o 9 de termidor, a França teria se tornado protestante. Um retorno cego ao passado fez com que o culto católico, isto é, o partido realista, recuperasse uma força imensa, com o uso dos templos que lhes haviam sido tomados. Mesmo adotando essa medida, era preciso comprá-la mediante uma concordata; mas disputava-se o poder a golpes de lei; ninguém pensava no futuro.

Os ingleses desembarcaram regimentos de emigrados em Quiberon; via-se a curiosa luta entre a antiga maneira de guerrear e a nova. Hoche bateu-se com inteligência; mas a cólera ou a prudência dinástica do governo levou a melhor sobre a sensatez política. Dever-se-iam condenar à prisão perpétua todos esses franceses que tiveram uma patente na marinha. Três anos mais tarde, a expedição do Egito teria sido bem-sucedida.

Apesar da morosidade e do egoísmo amargo de que é feito seu patriotismo, os próprios ingleses sentiram vergonha dessa expedição.

— O sangue inglês não correu — disse William Pitt, digno ministro da aristocracia de toda a Europa, no Parlamento.

— Não — respondeu Shéridan —, mas a honra inglesa correu por todos os poros.

Pouco depois da catástrofe de Quiberon, Carlos IV de Bourbon, rei da Espanha, assina a paz com a República, a 1º de agosto de 1795. O governo de Paris não tinha dinheiro suficiente para dar ao mensageiro que levaria essa notícia a soma de que precisava para ir de Perpignan a Madri. Depois de algumas semanas de espera, esse mensageiro voltou de Perpignan de diligência.

Um decreto da Convenção fecha as associações populares, medida governamental necessária em momentos de perigo, e repressão cruel nos períodos tranqüilos. Outros decretos estabelecem lei dos suspeitos, declaram o Reno limite do território da República francesa e, enfim, submetem à aceitação do povo a Constituição do ano III que estabelece um *Diretório*, um *Conselho dos Antigos* e um *Conselho dos Quinhentos*.

Como o Terror cessara de oprimir os realistas, numerosas conspirações internas organizam-se. Pichegru vende seu exército ao príncipe de Condé; envia mil franceses a Mannheim; eles são massacrados e os poucos sobreviventes tornam-se prisioneiros. O exército do Reno atravessa de novo o rio; o exército de Sambre-et-Meuse é obrigado a imitar o mesmo movimento. O patriota Jourdan é colocado entre Moreau e Pichegru; a República, salva por Danton, está de novo a ponto de perecer e, dessa vez, seus inimigos adquiriram habilidade e seu governo carece de entusiasmo e talento.

O Comitê de Salvação Pública é substituído por cinco diretores; o primeiro deles, Barras, passou pelo suplício da roda e, por isso, é bastante considerado em Paris. Reubell, homem íntegro e trabalhador, teria sido um bom prefeito; Laréveillère-Lepaux ama a pátria e tem intenções honestas; Carnot dirige as operações militares, mas tem o espírito abalado pelas acusações de crueldade feitas a ele e parece inferior a si mesmo.

Esse frágil governo foi salvo da destruição unicamente pelas vitórias que o exército da Itália conseguiu no ano seguinte. Sem Napoleão, 1799 teria acontecido em 1796.

São esses os precedentes do 13 de vendemiário e do destino de Bonaparte. Pela terceira vez, o ano de 1795 vê o perigo da Convenção; a própria liberdade corre perigo; dir-se-ia que sua força vital acabou junto com o Comitê de Salvação Pública. Um descrédito mortal atingira os *assignats* e até mesmo os domínios nacionais reclamados por toda parte pelos emigrados que voltaram.

Os exércitos ainda obtinham grandes êxitos, porque jamais haviam sido tão numerosos; mas experimentavam perdas diárias que já não havia como reparar. O desânimo penetrava neles e, o que era pior, os estrangeiros, informados pelos traidores internos, percebiam esse efeito e tiravam proveito dele.

Enquanto aqueles soldados gelavam nos Alpes, trezentos mil franceses invadiam a Bélgica e o Palatinado, lutavam contra os aliados em Tourcoing, Fleurus, Kaiserslautern, no Ourte, no Roëv, perseguiam os ingleses, os holandeses, os austríacos e os prussianos até além do Reno! Entravam vitoriosos em Bruxelas, Antuérpia e Maastricht; atravessavam o Vaal e o Mosa sobre o gelo; entravam triunfantes em Amsterdã, ameaçada em vão, outrora, por Luís XIV e Turenne. Colônia e Coblença, antigo quartel-general dos emigrados, foram ocupadas. Dois outros exércitos, comandados por Dugommier, Pérignon e Moncey, invadiram a Catalunha e a Biscaia, após terem conseguido duas estrondosas vitórias em Figuières e em Saint-Marcial. Afinal, cem mil homens submeteram com esforço os realistas da Bretanha e da Vendée.

A França sai-se bem em terra, mas experimenta reveses no mar. A fome desolava o interior; vinte e cinco navios de guerra saem de Brest para facilitar a entrada de um grande comboio vindo da América.

O almirante Howe avança com vinte e cinco navios, para impedir a entrada do comboio; o representante do povo Jean-Bon-Saint-André força o almirante Villaret-Joyeuse a encarar a batalha com jovens oficiais inexperientes e velhos capitães que detestam a República; os marinheiros combatem corajosamente, mas a ordem e a calma dos ingleses triunfam sobre a coragem mal orientada. Perdemos sete vasos de guerra, aprisionados ou postos a pique, e a frota do oceano é reduzida à inércia pela batalha de Ouessant, como a do Mediterrâneo pelo incêndio de Toulon.

Nesse ínterim, o bravo Kosciusko procurava em vão defender sua pátria. A energia das medidas internas não correspondia à bravura dos soldados; a Polônia não tinha um Carnot nem um Danton, e deixou de existir.

Chega para a França o dia 9 de termidor; Robespierre desaparece, a energia republicana cessa, pouco a pouco, de animar o governo; os realistas têm esperanças de usurpar e destruir a liberdade, com a ajuda das formas protetoras que esta dera ao povo. Carnot deixara o comando da guerra, a Espanha e a Prússia tinham firmado a paz.

O recrutamento em massa, que na época de Danton salvara a República, tinha engendrado um grande número de regimentos; procurou-se amalgamá-los e constituir um exército regular.

Sieyès decreta a Constituição do ano III, que estabelece uma câmara de quinhentos membros e um conselho de anciãos, composto de trezentos, como câmara de revisão. A terça parte desses conselhos deveria renovar-se todos os anos. O poder executivo foi confiado a um Diretório de cinco membros, cuja quinta parte devia renovar-se anualmente.

Mas o doente não entrara em convalescença e o regime saudável ainda não lhe convinha. A Convenção percebeu que os realistas iriam dominar as eleições; a reação era iminente. A Convenção baixou dois decretos, por meio dos quais dois terços de seus membros deveriam participar dos conselhos e os familiares de emigrados não poderiam ser eleitos para cargos legislativos.

O governo revolucionário tinha salvado o território da invasão estrangeira; ele havia sido uma necessidade, mas uma necessidade cruel. O público, cujas maneiras de ver eram formadas pelo despotismo corrompido de Luís XV, não compreendia as vantagens da liberdade. Aliás, essas vantagens estavam apenas começando e em nada se pareciam com as utopias sonhadas em 1789.

Os emigrados que voltaram, os agentes pagos pela Inglaterra e os realistas aproveitaram-se do ódio que os jacobinos inspiravam às classes abastadas para sublevar toda a população de Paris contra um decreto que parecia feito para perpetuar o domínio daqueles. A rica burguesia que promoveu o movimento de vendemiário estava longe de ver que a revolução tendia a colocá-la no lugar da nobreza, como se viu no Senado de Napoleão e na Câmara dos Pares de Luís XVIII e de Luís Filipe.

Em 13 de vendemiário, das quarenta e oito seções de Paris, pelo menos trinta não queriam saber nem dos decretos nem dos convencionais. Cada uma delas tinha seu próprio e bem-armado batalhão da guarda nacional; os agentes pagos pela Inglaterra davam unidade ao movimento, combinado com o desembarque do conde de Artois na Vendée.

Se os austríacos não tivessem cento e cinqüenta mil homens às portas de Estrasburgo, e os ingleses, quarenta navios de guerra diante de Brest, talvez Napoleão tivesse tomado o partido dos secionários[6]; mas, quando o território é ameaçado, o primeiro dever de todo cidadão é juntar-se àqueles que governam. De resto, como general estimado por todos, Napoleão tinha um lugar fixo à frente das tropas. Se se tivesse misturado aos secionários, ele teria ficado às voltas com advogados tagarelas, classe de gente pela qual sempre teve a maior antipatia.

Napoleão comandou sob as ordens de Barras; contava com quarenta peças de canhão e cinco mil homens, mais mil e quinhentos patriotas de 1789, organizados em três batalhões.

Em 13 de vendemiário do ano IV (4 de outubro de 1795), os secionários marcharam contra a Convenção. Uma de suas colunas, desembocando pela rue Saint-Honoré, atacou. Foi recebida a tiros de metralha; os secionários bateram em retirada e quiseram resistir nos degraus da igreja Saint-Roch; só se conseguiu introduzir canhão na rue du Dauphin, muito estreita àquela época; o canhão atirou contra aquela guarda nacional pouco aguerrida, que se dispersou, deixando alguns mortos. Em meia hora tudo estava terminado. A coluna que marchava ao longo do cais Voltaire, a fim de atacar a Pont-Royal, mostrou muita bravura, mas não teve mais sorte.

Esse acontecimento, tão insignificante em si mesmo e que não custou duzentos homens de cada lado, teve grandes conseqüências: impediu que a revolução retrocedesse. Napoleão foi nomeado general-de-divisão e, pouco tempo depois, general-em-chefe do exército do interior.

Paris, essa pátria da moda, achava ridícula essa energia graças à qual ele salvara a liberdade, durante três anos; chegaram então os bons tempos do *Baile das Vítimas*. Para ser admi-

---

[6] Membros das *seções parisienses*, nome das 48 circunscrições criadas em Paris em maio de 1790. (N. do T.)

tido nele, era necessário provar a morte de um pai ou de um irmão na guilhotina. Todos estavam cansados de tristeza e seriedade; declararam-se superados de vez esses sentimentos.

O partido realista, cujo aniquilamento Robespierre empreendera, reergueu-se, cheio de insolência para com os homens que, no dia 9 de termidor, o tinham salvado.

A República ia perecer. Eis o que deflagrou a crise: a Constituição de 1791 caiu em conseqüência do decreto da Constituição que, perigosamente generosa, decidira que nenhum de seus membros poderia ser reeleito para a assembléia seguinte.

A Convenção lembrou-se desse erro. Em seguida à Constituição do ano III, foi promulgada uma primeira lei, em virtude da qual os membros da Convenção deviam compor dois terços do Conselho dos Quinhentos e do Conselho dos Anciãos.

Uma segunda lei decidiu que, dessa vez, tão-somente um terço dos dois conselhos seria nomeado pelas assembléias eleitorais. Uma terceira lei submeteu à aceitação do povo, como sendo inseparáveis do novo ato constitucional, as duas leis anteriores. Reunido no estrangeiro, o partido realista contara com uma legislatura composta por realistas ou antigos patriotas, que se poderiam comprar, como se havia comprado Pichegru. Dessa forma, a liberdade teria sido destruída por meio dos direitos que ela atribuía ao povo e que era útil desacreditar aos olhos das pessoas razoáveis.

Quando as leis adicionais foram promulgadas, esse partido, que sabe usar de hipocrisia, derramou-se em declarações republicanas sobre a perda da liberdade, roubada ao povo pela Convenção. Como! Essa Convenção, que não tivera outra missão que propor uma Constituição, decidia usurpar os poderes do organismo eleitoral, isto é, da própria nação!

Das quarenta e oito seções componentes da guarda nacional em Paris, cada uma delas com um batalhão armado e equipado, apenas cinco apoiavam a República; quarenta e três seções sublevaram-se e uniram-se em assembléias armadas e deliberativas.

Nessas assembléias destacaram-se o jovem Lacretelle, Regnaud de Saint-Jean-d'Angely, Vaublanc, Serisy, Laharpe, etc. As quarenta e três seções rejeitaram as leis adicionais.

Aos olhos dos patriotas, a Constituição do ano III valia mais que todas as tentativas precedentes: era um grande passo em direção ao governo que convinha à França.

Os comitês secretos que dirigiam o partido do estrangeiro não davam nenhuma importância a formas que não queriam manter.

Esse partido mostrava muita insolência; via-se à frente de uma guarda nacional de quarenta mil homens, armados e fardados, entre os quais estavam muitos ex-oficiais, bastante corajosos e realistas comprovados. Pensava-se que seria fácil enganar essa guarda nacional e seduzir seus soldados; nesse caso, todos os convencionais que se destacassem pela energia de suas opiniões poderiam muito bem ser declarados *fora da lei* e enviados ao suplício. Tratava-se de uma luta de morte.

Em 23 de setembro, a Convenção proclamou que a Constituição e as leis adicionais tinham sido aceitas pela maioria das assembléias primárias da República.

No dia 24, uma assembléia de eleitores hostis à Convenção e, segundo o que penso, à liberdade, reuniu-se no Odéon.

Em 2 de outubro (10 de vendemiário do ano IV), essa assembléia ilegal foi dissolvida pela força. A guerra começa. A seção Lepelletier, que se reunia no convento des Filles Saint-Thomas (depois palácio da Bolsa), foi a que mais se mostrou indignada com essa dissolução; a Convenção ordena o fechamento do convento e o desarmamento da seção.

CAPÍTULO IV

Em 27 de março de 1796 o general Bonaparte chegou a Nice. O exército ativo da Itália compreendia quarenta e dois mil homens, dos quais trinta e oito mil encontravam-se diante do inimigo. O exército dos Alpes, comandado por Kellermann, ocupava a Savóia e as montanhas do Dauphiné na direção de Briançon. O inimigo tinha oitenta mil homens, austríacos e sardos, distribuídos da linha do Mont-Blanc ao golfo de Gênova.

O exército francês estava, havia muito, exposto a horríveis privações; faltavam víveres com freqüência, e os soldados, em posição nos cumes dos Alpes e oito meses por ano no meio da neve, careciam de calçados e roupas; a metade dos soldados vindos dos Pirineus depois da paz com a Espanha havia sucumbido nos hospitais ou no campo de batalha. Os piemonteses chamavam-nos heróis em andrajos. Fazia três anos que se disparavam tiros na Itália, porque se estava em guerra, mas sem nenhum objetivo e como que por desencargo de consciência. Napoleão encontrou nesse exército o general Masséna, o qual, no dia 2 de novembro precedente, sob o comando nominal do general Schérer, havia vencido na batalha de Loano o exército austríaco, comandado pelo general Devins. Deu com o exército colocado da maneira mais ridícula: estava encarapitado nos áridos cumes dos Apeninos, de Savona até Ormea. Suas comunicações com a França faziam-se ao longo da costa marítima, seguindo uma linha paralela à do inimigo. Se este atacasse pela direita, as comunicações seriam interrompidas.

O exército de Nice podia escolher duas estradas para atravessar as montanhas e entrar na Itália. Uma, através da grande cadeia dos Alpes, pelo colo de Tende: é a grande estrada de Turim por Cuneo. A outra é o famoso caminho da Corniche, que, então, em vários pontos, tinha apenas uma passagem de três ou quatro pés de largura, entre imensos rochedos a pique e o mar. Quando essa estrada se distanciava um pouco do mar, consistia em subidas e descidas extremamente íngremes. A estrada, tão incômoda naquela época, conduzia à passagem da Bocchetta. Há um terceiro caminho, que leva de Oneglia a Ceva; este é bom para a artilharia.

Desde as operações dirigidas em 1794 por Bonaparte, no comando da artilharia, o exército da Itália, senhora do colo de Tende, teria podido descer até Cuneo, se tivesse conseguido entrar em acordo com o exército dos Alpes.

O pouco de pão que o exército tinha era-lhe fornecido por mercadores genoveses. Bonaparte encontrou-o dividido da seguinţe forma:

A divisão Maquart, com três mil homens, protegia o colo de Tende; a divisão Serrurier, com cinco mil homens, ocupava a estrada de Ceva.

As divisões Masséna, d'Augereau, De Laharpe, com trinta e quatro mil homens, estavam nas cercanias de Loano, Finale e Savona. A vanguarda da divisão Laharpe atacou Voltri, para atemorizar os aristocratas de Gênova e assegurar a comunicação com essa grande cidade, que os soldados chamavam de ama-de-leite.

Fazia quatro anos que o quartel-general administrativo estabelecera-se comodamente em Nice; o general-em-chefe fez com que ele o seguisse a Albenga, pela penosa estrada da Corniche. Essa medida vivaz causou espanto em todo o mundo e encantou os soldados. Apesar da extrema miséria de que eram presas, esses jovens republicanos eram só amor à pátria e aos combates. Riam-se ao verem-se em andrajos. Os oficiais recebiam ordens de pagamento que não chegavam a dez francos por mês; viviam e marchavam como soldados.

O general Bonaparte solicitou ao Senado de Gênova que, em reparação ao atentado cometido em seu porto à fragata *La Modeste*, capturada pelos ingleses, desse passagem ao exército francês pela cidade e pelo colo da Bocchetta. Prometia-lhe, em troca, afastar para sempre da região o teatro da guerra.

A oligarquia de Gênova, que detestava os franceses, apressou-se a comunicar seu pedido ao general-em-chefe austríaco. Essa comunicação podia ter como efeito atrair toda a ala esquerda dos austríacos ao colo da Bocchetta. Esse movimento, que colocaria o grosso das forças inimigas nas duas extremidades de sua linha, em Ceva e na região de Gênova, abandonaria aos ataques dos franceses um centro isolado.

O Conselho áulico tinha substituído o general Devins, vencido em Loano por Beaulieu, velhote quase octogenário, famoso por sua coragem e seu caráter empreendedor, mas, afora isso, bastante medíocre. Seu exército estava completo e contava com cerca de cinqüenta mil homens; estava repartido desde Cuneo e do pé do colo de Tende até a Bocchetta, nas proximidades de Gênova.

Seja por ter sido informado pelo Senado de Gênova da solicitação do general francês, seja por puro acaso, o fato é que Beaulieu marchou sobre Gênova com um terço de seu exército. Queria tomar Gênova e pôr-se em comunicação com Nelson e Jervis, que se encontravam naquelas paragens com uma esquadra inglesa.

Se Beaulieu tivesse a menor noção de seu ofício de general-em-chefe, teria atacado em massa a esquerda dos franceses, que teriam sido obrigados a retirar às pressas todas as tropas que tivessem na região de Gênova.

Foi em 10 de abril de 1796 que essa célebre campanha da Itália começou. Beaulieu, ele próprio à frente de sua ala esquerda, desceu os Apeninos pela Bocchetta. Bonaparte ainda lhe deu o prazer de desalojar sua pequena vanguarda em Voltri e, enquanto isso, tratou de reunir o grosso de suas forças contra o centro austríaco, que avançara de Sassello contra Montenotte. Esse ponto era defendido por três redutos, famosos pelo juramento que o coronel Rampon fez à 32ª meia-brigada prestar, no momento em que os austríacos atacavam o último deles furiosamente. De resto, se o general d'Argenteau tivesse levado a melhor e descido até Savona, teria sido derrotado ainda mais completamente, pois durante a noite todas as forças francesas deslocaram-se para esse ponto.

Em 12 de abril, d'Argenteau viu-se atacado na vanguarda e na retaguarda por forças superiores; foi vencido e repelido para Dego. O exército francês tinha passado os Apeninos. Bonaparte resolveu voltar-se contra os piemonteses, para tentar separá-los de Beaulieu; o general Coli, seu comandante, ocupava o campo de Ceva. O general Provera, posicionado com um pequeno corpo austríaco entre Coli e d'Argenteau, ocupava os altos de Cosseria. Bonaparte conduziu contra ele as divisões Masséna e Augereau. Laharpe havia sido deixado para vigiar Beaulieu, que cometeu o erro de ficar sossegado.

No dia 13, a divisão Augereau forçou as gargantas de Millesimo. Provera, vencido e cercado de todos os lados, foi obrigado a refugiar-se nas ruínas do castelo de Cosseria e rendeu-se no dia 14 pela manhã, com os mil e quinhentos granadeiros que comandava.

Beaulieu, surpreso com o que soube, tratou de correr para Acqui e enviou diretamente a Sassello uma parte de suas tropas, através das montanhas. D'Argenteau ocupava Dego; Bonaparte atacou-o ali, à frente das divisões Masséna e Laharpe. As tropas austríacas combateram muito bem, mas, graças às manobras do general-em-chefe, os franceses eram superiores em número. O inimigo retirou-se desordenadamente para Acqui, deixando vinte peças de canhão e muitos prisioneiros.

Depois de vencida a batalha, o general Wukassowich, que acudia por Sassello com a intenção de juntar-se a d'Argenteau, que julgava estar ainda em Dego, deparou-se com os franceses. Esse bravo homem, longe de desencorajar-se, caiu sobre a guarda dos redutos de Magliani, desmantelou a fortificação e perseguiu a guarnição apavorada até Dego. Os franceses foram totalmente surpreendidos; mas o bravo Masséna, inesquecível pela constância que mostrava nos reveses, reuniu de novo os desertores e destruiu quase inteiramente aquela guarnição de cinco batalhões.

Vencidos os austríacos, o general-em-chefe atacou de novo os piemonteses com as divisões Augereau, Masséna e Serrurier. Os piemonteses tiveram um instante de êxito em San Michele, contra a divisão Serrurier; eles haviam evacuado o campo de Ceva e, por fim, foram rechaçados para além do Stura.

No dia 26, as três divisões francesas reuniram-se em Alba. Uma última batalha poderia ter-lhes permitido conquistar Turim, de onde estavam a apenas dez léguas.

Mas Bonaparte não tinha canhões de cerco, e os cercos não convêm absolutamente ao espírito francês; nenhum dos dois pensamentos passou pela cabeça dos generais inimigos. Eles acreditaram-se perdidos; não perceberam a bela situação do Stura, ladeado à direita pela importante fortaleza de Cuneo, à esquerda por Cherasco, que estava ao abrigo de um ataque repentino. Atrás do Stura, Coli podia agrupar às suas forças mil piemonteses, dispersos pelos vales adjacentes, e as de Beaulieu, a quem restavam bem uns vinte mil homens. Teriam bastado aos aliados uns dois dias de vigor, presteza e decisão para que tudo fosse comprometido. Estariam vencidos? A admirável praça de Turim estava lá, para receber, em caso de revés, um exército derrotado que ainda não estaria numa situação irremediável, pois a Áustria tinha meios de socorrê-lo. Em todo caso, Turim era inexpugnável ao exército que não estivesse equipado para um cerco.

Mal os franceses tinham ocupado Alba, os democratas piemonteses organizaram um comitê de regeneração que conclamou os povos do Piemonte e da Lombardia de forma ameaçadora para os nobres e os padres, encorajadora para os povos.

O efeito superou as expectativas dos franceses; a desordem e o terror chegaram ao ápice em Turim; o rei não tinha nenhum homem superior entre seus conselheiros. A corte sentiu medo dos piemonteses jacobinos e, embora Beaulieu tenha marchado de Acqui sobre Nizza, para reunir-se a Coli, ela acreditou-se perdida sem apelação, e um ajudante-de-campo foi propor paz, em nome do rei, ao general Bonaparte. Este via todos os seus anseios satisfeitos. Seus espiões informaram-no de que, após as mais vivas discussões, nas quais os ministros do rei e o marquês d'Albarey, sobretudo, tomavam partido pela guerra, o cardeal Costa, arcebispo de Turim, convenceu o rei a optar pela paz.

É inacreditável que, antes de entregar-se a essa decisão precipitada, o rei não se tenha lembrado do que seu antepassado Vítor Amadeu fizera, em 1706. Se o rei, chamando dos Alpes uma parte das tropas do príncipe de Carignan, tivesse agüentado firme em Turim, Alessandria e Valence, que os franceses não estavam em condições de sitiar, teria sido impossível a esses últimos dar um só passo mais. Se a coligação tivesse julgado conveniente mandar alguns reforços do Reno, os franceses poderiam muito bem ter sido rechaçados da Itália.

O gênio de Bonaparte privava seus inimigos de uma parte de sua capacidade de avaliação e, sem dúvida, levou o rei a propor vergonhosamente paz a um exército que não tinha nem artilharia, nem cavalaria, nem calçados. Se imaginarmos, por um instante, as mesmas vantagens obtidas por Moureau, Jourdan ou qualquer outro general medíocre, perceberemos logo que o rei da Sardenha não se teria posto à mercê deles.

Bonaparte não estava autorizado a negociar a paz; mas, pelo armistício de Cherasco, ele fez com que lhe entregassem as praças de Cuneo, Alessandria e Ceva; o rei comprometia-se a retirar-se da coligação. Bonaparte, que sentiu que sua marcha sobre o Adige dependia unicamente do rei da Sardenha, sugeriu ao conde de Saint-Marsan, seu enviado a Cherasco, que, longe de estarem dispostos a derrubar tronos e altares, os franceses podiam protegê-los, inclusive contra os jacobinos do país, se fosse do interesse deles. Infelizmente, o Diretório jamais conseguiu entender essa idéia que Napoleão lhe apresentou, de todas as maneiras, durante um ano.

Ele fizera, em quinze dias, mais que o antigo exército da Itália em quatro campanhas. O armistício com o Piemonte deixava à mercê de seus ataques o exército de Beaulieu e, sobretudo, dava ao seu uma base razoável. Se fosse vencido, poderia procurar refúgio em Alessandria, e se, nesse caso, o rei violasse o tratado, ele poderia fazê-lo arrepender-se apoiando os jacobinos piemonteses.

Mas, como nosso objetivo é dar a conhecer mais o próprio Bonaparte do que os fatos, apresentaremos seu relato dessa brilhante campanha; ela revelou à Europa um homem totalmente diferente dos personagens estiolados que suas instituições envelhecidas e seus governos, presas da intriga, punham nas mais altas posições.

O surgimento de Napoleão como general-em-chefe do exército provocou uma verdadeira revolução nos costumes. O entusiasmo republicano havia autorizado muitas familiaridades. O coronel vivia em intimidade com seus oficiais. Esse hábito podia levar à insubordinação e à perda de um exército. O almirante Decrès contava que, em Toulon, soube da nomeação do general Bonaparte para o comando do exército da Itália: conhecera-o bem em Paris e julgava ter grande intimidade com ele.

> Por isso, quando nos contam que o novo general vai atravessar a cidade, ofereço-me incontinenti aos meus camaradas para apresentá-los a ele, fazendo-me valer de minhas relações. Acorro, cheio de solicitude e alegria; o salão abre-se, vou precipitar-me em sua direção, quando a atitude, o olhar, o tom de voz, bastam

para deter-me. Entretanto, não havia nele nada de ofensivo, mas aquilo bastou. A partir daí, jamais tentei transpor a distância que me havia sido imposta.

Ao assumir o comando do exército da Itália, Napoleão, apesar da extrema juventude e do pouco tempo no posto de general-de-divisão, soube fazer-se obedecer. Ele subjugou o exército muito mais graças a seu gênio severo do que a amabilidades pessoais. Foi severo e pouco comunicativo, sobretudo com os generais. A miséria era extrema, a esperança morrera no coração dos soldados; ele soube reanimá-la; não tardou a ser amado por eles e, então, assegurou sua posição entre os generais-de-divisão.

Sua juventude estabeleceu um hábito singular no exército da Itália: depois de cada batalha, os mais bravos soldados reuniam-se em conselho e conferiam a seu jovem general uma nova patente. Quando ele retornava ao campo, era recebido pelos veteranos, que o saudavam com o novo título. Recebeu a de cabo em Lodi, daí a alcunha de *Petit Caporal*, conservada por muito tempo entre os soldados.

CAPÍTULO V

É conveniente dar uma olhadela no que os exércitos franceses faziam na Alemanha enquanto Napoleão conquistava a Itália.

Depois que Pichegru deixou voluntariamente que uma divisão de seu exército fosse derrotada, houve um armistício. Pichegru foi a Paris e queixou-se ao Diretório, em alto e bom som, do estado de indigência em que era deixado o exército do Reno. O Diretório, que não queria habituar os generais do exército a se dirigirem a ele nesse tom, declarou a Pichegru que, se achava o fardo demasiado pesado, podia tirá-lo das costas.

Pichegru demitiu-se, e o exército, que nada sabia da traição de seu general, acreditou que ele fora sacrificado apenas por ter defendido calorosamente seus interesses.

Moreau substituiu Pichegru no exército do Reno; o armistício foi desfeito; ele atravessou o Reno e obteve vitórias em 9 e 10 de junho de 1796.

Por seu lado, o exército de Sambre-et-Meuse, comandado por Jourdan, chegou à Boêmia depois de atravessar o Reno em Düsseldorf. Por timidez natural, inveja do colega ou falha nas instruções, a verdade é que Moreau desprezou as numerosas passagens sobre o Danúbio, de Donauwert a Ratisbona. O arquiduque Carlos executou então a bela manobra que foi responsável por sua reputação. Esquivou-se de Moreau, transpôs o Danúbio e fez a conjunção com as tropas austríacas, que batiam em retirada diante do exército de Sambre-et-Meuse;

retomou a ofensiva, venceu Jourdan em Wetzlar, em 15 de junho de 1796, e perseguiu-o até as margens do Reno, sem que Moreau tivesse jamais pensado em imitar as manobras do adversário e ir em auxílio de Jourdan.

Em vez de voltar à margem esquerda do Danúbio, procurar unir-se ao exército de Sambre-et-Meuse ou, pelo menos, atacar o arquiduque de uma maneira ou de outra, ele teve a coragem de bater em retirada com seu belo exército, que contava com mais de oitenta mil combatentes e, coisa singular, que bem comprova o peso da opinião pública na França, essa retirada ficou na moda e muita gente sensata dá mais valor a ela que às batalhas de Castiglione e de Arcole; é verdade que, por ser muito poderoso, o exército de Moreau primeiro ganhou uma batalha, ao retirar-se; mas, depois, deu tempo ao arquiduque para que voltasse a atacá-lo. Em Paris, acreditou-se perdido esse exército de oitenta mil homens, quando, de repente, soube-se que ele havia tornado a atravessar o Reno pela ponte de Huningue; o entusiasmo por Moreau e por sua retirada foi geral e ainda perdura.

Essa incrível manobra foi seguida do cerco de Kehl, no qual os generais-de-divisão Desaix e Gouvion-Saint-Cyr imortalizaram-se e cujos admiráveis detalhes todos devem ler nas memórias desse último. Jamais passou pela cabeça de Moreau atravessar novamente o Reno e colocar-se rapidamente na retaguarda do arquiduque.

Isso é o que faziam os exércitos da República no Norte, enquanto Napoleão alcançava tantas vitórias na Itália. Esse é também o motivo de o exército austríaco do Reno ter podido enviar Wurmser e vinte mil homens de elite ao exército austríaco do Adige.

Eis porque, em março de 1797, ele pôde mandar três divisões e o arquiduque Carlos ao exército austríaco de Tagliamento.

No início de 1797, o Diretório foi apenas inábil, como sempre, ou, temendo as vitórias de Napoleão, evitou conscientemente uma ação diversiva no Reno?

Como quer que seja, após atrasos a meu ver inexplicáveis, o Diretório enfim resolveu mandar seus exércitos para a margem direita do Reno. Eles atravessaram ousadamente o rio e obtinham vitórias quando viram acorrer, dos postos avançados austríacos, um oficial francês para parlamentar. Tratava-se do general Leclerc, que chegava de Leoben, pela Alemanha, trazendo as preliminares de paz. Se o renome de Bonaparte não tivesse inspirado o medo da liberdade, deveriam tê-lo chamado da Itália, depois da passagem dos Alpes que seguiu a de Tagliamento, e dado a ele o comando do exército do Reno.

CAPÍTULO VI

Logo após o armistício de Cherasco, Bonaparte, querendo aproveitar-se da estupefação do general Beaulieu, pôs-se em marcha com suas quatro divisões e levou-as a Alessandria. Por seu lado, depois de atravessar o Pó pela ponte de Valence, que cortou, Beaulieu ali tomou posição com suas forças principais. O general francês tivera o cuidado de fazer inserir no armistício com o rei da Sardenha que lhe seria permitido atravessar o Pó nas cercanias de Valence. Esse ardil tão simples foi maravilhosamente bem-sucedido. Fiel ao antigo sistema de guerra, Beaulieu imaginou que os franceses não deixariam de atacar no *front* do Ticino, enquanto podiam agir em suas retaguardas e, com isso, conquistar muitas localidades. Para entretê-lo nessa idéia, um destacamento simulou atravessar o Pó em Cambio; nesse meio-tempo, o exército seguia rapidamente por sua direita.

O próprio Napoleão conduzia a vanguarda e, a 7 de maio, chegou a Piacenza; as divisões, dispostas em escalões, seguiam-se de perto. Era preciso apressar-se, pois essa marcha era perigosa. Era nada menos que uma *marcha de flanco*. É verdade que Napoleão estava protegido por um grande rio, mas Beaulieu poderia contar com barcaças e cair sobre a parte do exército que estava em Piacenza ou sobre a divisão que formava o último escalão. Foi a estréia do jovem general nas operações de grande guerra.

O Pó é quase tão largo quanto o Reno, e o exército não tinha nenhum meio de atravessá-lo. Estava fora de questão construir uma ponte. Cumpre repetir que não tinha nenhum meio, de nenhum tipo.

Essa completa penúria entretinha as idéias equivocadas do general Beaulieu, a ponto de ele sentir pena da temeridade do general francês. Este enviou até o rio oficiais que detiveram todos os barcos que encontraram em Piacenza e nos arredores. Juntados os barcos, o chefe de brigada Lannes passou primeiro, com uma vanguarda de setecentos homens, enquanto os austríacos tinham apenas dois esquadrões na outra margem. Foram facilmente postos em debandada e a travessia prosseguiu sem obstáculos, embora muito lentamente. Se Bonaparte tivesse equipamento para construir uma ponte, o exército inimigo estaria perdido.

Finalmente informado do movimento dos franceses em Piacenza, Beaulieu manobrou para impedi-lo. Mas, em vez de atacar com energia a parte do exército francês que encontraria na margem esquerda do Pó, o velho general tomou apenas meias medidas. Teve a idéia de estender sua ala esquerda até o Adda, sem com isso abandonar a linha do Ticino, onde deixou a direita.

Em 8 de maio, o general Liptay, comandante da ala esquerda, deteve-se em Fombio, diante da vanguarda francesa.

Era possível que todo o exército austríaco seguisse Liptay; portanto, era necessário atacá-lo sem demora. Esse ataque importante foi conduzido com vigor; o coronel Lannes destacou-se sobremaneira nele, mostrando aquele ímpeto, aquela obstinação que, reunidos à arte de fazer grandes massas se movimentarem, adquirida mais tarde, acabaram por fazê-lo um dos principais generais do exército. Liptay foi vencido, separado de Beaulieu e repelido para Pizzighetone.

Na noite que se seguiu a essa ação, Beaulieu chegou ao sítio em que seu lugar-tenente acabara de ser derrotado; seus batedores, desejosos de executar a junção, apresentaram-se em Codogno, ocupada pelo general Laharpe e sua divisão; este rechaçou-os com facilidade, depois saiu com poucos homens para ir reconhecer a força do exército inimigo. Quando voltava, seus soldados atiraram na escuridão e mataram seu general. Ficaram desesperados.

Sempre fiel às antigas máximas de guerra, Beaulieu tinha dispersado a tropa que conduzia; desconcertado pela presença de forças superiores, sentiu que não lhe restava outra coisa a fazer senão concentrar todo o seu exército na direção de Lodi, onde havia uma ponte no Adda. Sua ala direita, que ainda estava em Pavia, teria sido inteiramente feita prisioneira de guerra, se os franceses contassem com barcaças. Essa ala direita apressou-se em atravessar o Adda em Cassano, atrás de Milão.

Bonaparte podia tomar essa grande cidade, o que teria surtido um belo efeito em Paris, mas achou mais razoável fazer um desvio, passando por Lodi com os granadeiros reunidos e as divisões Masséna e Augereau; protegeu sua direita e sua esquerda com as duas outras divisões de seu exército.

Chegou diante de Lodi no dia 10 de maio. Beaulieu já havia se retirado para Crema, mas deixara o general Sebottendorf com dez mil homens, para defender as margens do Adda. Os austríacos não acharam necessário destruir a ponte de Lodi, que media cinqüenta toesas e era defendida por vinte peças de artilharia e dez mil homens.

Bonaparte conhecia seu exército. Nada podia superar a bravura daqueles jovens patriotas; teria ele querido conferir-lhes a glória de uma ação que iria repercutir na Europa?

Resolveu atravessar à força a ponte de Lodi; sua determinação foi facilitada pelo fato de que, se fosse rechaçado, não teria a lamentar senão algumas centenas de homens; tal fracasso não poderia ter a menor influência sobre o resto da campanha.

Desalojou rapidamente um batalhão e alguns esquadrões inimigos que ocupavam a cidade de Lodi; perseguindo-os vivamente, os franceses chegaram até a ponte situada imediatamente fora e a oriente da cidade, a alguns passos da muralha de defesa. Os trabalhadores inimigos não tiveram tempo de cortar a ponte.

Ao entardecer, por volta das cinco horas, Napoleão formou os granadeiros em coluna cerrada atrás da muralha e lançou-os pela ponte. Essa massa, recebida por uma saraivada de tiros, teve um momento de hesitação; os generais correram à frente dela e a levantaram com seu exemplo. Durante o momento de hesitação, alguns soldados esgueiraram-se por entre os pilares da ponte até uma ilha no meio do rio; correram até o segundo braço do Adda, que viram ser vadeável, subiram a margem oposta e espalharam-se em ordem dispersa pela planície, simulando contornar a linha austríaca.

Nesse momento, a massa dos granadeiros atravessava a ponte em passo de carga; eles põem o inimigo em fuga, apoderam-se de suas baterias e dispersam os batalhões austríacos postados cem passos adiante.

O general inimigo recua para Crema, com um prejuízo de quinze peças de artilharia e dois mil homens fora de combate. Essa ação, que todo o mundo podia entender, mesmo os não-militares, impressionou o público por sua extrema audácia. Em um mês, a *travessia da ponte de Lodi* tornou-se tão célebre na Alemanha e na Inglaterra quanto na França. Uma xilogravura grosseira representando essa célebre ponte, com personagens maiores que a ponte, acha-se ainda hoje nas hospedarias das cidadezinhas mais longínquas do Norte da Alemanha.

As conseqüências imediatas do combate de Lodi foram a ocupação de Pizzighetone, que se deixou assustar por um fogo cerrado da artilharia e pela retirada de Beaulieu em direção ao Mincio.

Bonaparte não o perseguiu. É verdade que, no último mês, suas tropas tinham se movimentado sem cessar; faltava-lhes tudo, principalmente calçados e roupa. Entretanto, não teria sido de todo impossível fazê-las empreender mais oito marchas. Parece que era necessário tentar surpreender a qualquer preço Mântua, que os austríacos só pensaram em armar e aprovisionar depois do armistício de Cherasco. É verdade que, no dia seguinte ao combate de Lodi, Beaulieu mandou inundar aquela praça; mas, para uma conquista de tamanha importância, tudo se podia arriscar, exceto a perda de uma batalha. Ora, Beaulieu não estava mais em condições de ganhar uma batalha. Apenas sua cavalaria ainda era de temer. O exército francês só arriscava, pois, uma marcha inútil de Cremona a Mântua, e essas duas cidades só distam treze léguas uma da outra.

Eu sei que, quando não se tem conhecimento pessoal de tudo o que acontecia num exército, é temerário criticar um general por ele não ter ousado empreender essa marcha ou aquela manobra, que, de longe, parecem fáceis. Muitas vezes havia um obstáculo invencível, de que o general evitou falar para não desencorajar seu exército ou aumentar a ousadia dos inimigos. Mas, durante oito meses e meio, Mântua foi o pensamento dominante do general francês, e veremos o que ela esteve a ponto de custar-lhe.

Como meu objetivo é dar a conhecer mais Napoleão que os acontecimentos, creio que não devo privar o leitor do relato que ele mesmo fez das operações militares que se seguiram ao armistício de Cherasco. Elaborei o resumo que acabaram de ler de forma a que tivesse o menor número possível de repetições.

CAPÍTULO VII

Confessarei ao leitor que renunciei a toda e qualquer nobreza de estilo. Para dar uma idéia da miséria do exército, permitirá o leitor que lhe conte a de um tenente amigo meu?

Robert, um dos mais bonitos oficiais do exército, chegou a Milão no dia 15 de maio pela manhã e foi convidado para jantar pela marquesa A..., para cujo palácio recebera um boleto. Arrumou-se esmeradamente, mas não tinha sapatos. Como de costume, ao entrar nas cidades, tinha as gáspeas muito bem engraxadas por seu serviçal; amarrou-as cuidadosamente com umas cordinhas, mas faltavam as solas. Achou a marquesa tão bonita e teve tanto medo de que sua pobreza fosse percebida pelos lacaios de magnífica libré que serviam à mesa, que, ao se levantar, deu-lhes astuciosamente um escudo de seis francos. Era tudo o que ele possuía no mundo.

Robert jurou-me que os três oficiais de sua companhia tinham, os três juntos, um só par de sapatos passável, tirado de um oficial austríaco, morto em Lodi, e em todas as meias-brigadas a situação era idêntica.

O certo é que seria difícil, hoje em dia, alguém imaginar a indigência e a miséria desse antigo exército da Itália. As caricaturas mais grotescas, fruto do gênio inventivo de nossos jovens desenhistas, ficam bem abaixo da realidade. Uma reflexão pode bastar: os ricos desse exército tinham *assignats* e estes não tinham valor algum na Itália.

Permitir-me-á o leitor detalhes ainda mais vulgares? Na verdade, não sei como expressar meu pensamento por meio de equivalentes. Dois oficiais, um deles chefe de batalhão, o outro tenente, ambos mortos na batalha do Mincio em 1800, tinham em comum ao entrarem em Milão, em maio de 1796, uma calça de casimira cor-de-avelã e três camisas. O que não usava a calça pegava um redingote do fardamento, cruzado no peito, que, com o uniforme básico, constituía todo o guarda-roupa deles. E, ainda assim, essas duas peças estavam remendadas em vários pontos, da maneira mais miserável.

Foi só em Piacenza que esses dois oficiais receberam moeda metálica pela primeira vez; couberam-lhes algumas moedas de sete soldos e meio do Piemonte (*sette e mezzo*), com as quais conseguiram a calça avelã. Jogaram no Adda o culote anterior, que era de cetim; o que não usava a calça ficava de ceroulas e redingote.

Suprimo outros detalhes do gênero; seriam pouco dignos de crédito hoje. Nada igualava a miséria do exército, a não ser sua extrema bravura e sua alegria. O leitor compreenderá isso facilmente se se lembrar que todos, soldados e oficiais, eram muito jovens. A imensa maioria provinha do Languedoc, do Dauphiné, da Provença, do Roussillon. As únicas exceções eram os hussardos de Berchiny, que o bravo Stengel trouxera da Alsácia. Com freqüência, os soldados, ao verem passar seu general, que era tão franzino e de aspecto tão jovem, notavam, porém, que era mais velho que eles todos. Ora, em maio de 1796, ao entrar em Milão, Napoleão, nascido em 1769, tinha vinte e seis anos e meio.

Vendo esse jovem general passar sob o belo arco de triunfo da *Porta Romana*, seria difícil, até mesmo para o filósofo mais experiente, adivinhar as duas paixões que agitavam seu coração: o amor mais vivo, exaltado até à loucura pelo ciúme, e o ódio, provocado pelas aparências da mais negra ingratidão e da estupidez mais vulgar.

O general-em-chefe devia organizar as regiões conquistadas. O exército tinha nelas amigos calorosos e inimigos furiosos; mas, por infelicidade, havia que contar entre esses últimos a maioria dos padres seculares e todos os monges. Em contrapartida, a burguesia e boa parte da nobreza estavam fortemente inclinadas a amar a liberdade. Três ou quatro anos antes dos horrores de 1793, toda a Lombardia era entusiasta das reformas da liberdade francesa. O tempo começava a fazer esquecer os crimes e, nos últimos dois meses, por medo dessa liberdade, que amaldiçoava em cada proclamação, o governo do arquiduque vexava os bons milaneses. Ora, é bom saber que os milaneses desprezavam soberanamente esse príncipe, cuja única paixão era negociar com trigo, e não raro as especulações de Sua Alteza ocasionavam escassez do cereal.

Era um povo assim preparado que o arquiduque queria inflamar a favor da casa da Áustria! É divertido ver o despotismo infeliz recorrer à razão e ao sentimento. A entrada dos franceses em Milão foi um dia de festa, tanto para os milaneses como para o exército.

Desde Montenotte, o povo lombardo fazia votos pela rápida vitória dos franceses e não tardou a ser tomado de uma paixão por eles que ainda perdura. Bonaparte encontrou uma guarda nacional numerosa, vestida com as cores lombardas — verde, branco e vermelho —, formando alas à sua passagem. Ficou emocionado com essa prova de confiança em seus sucessos. O que teria sido dessa pobre gente, se a Áustria tivesse reconquistado a Lombardia?

Onde Thugut teria encontrado masmorras bastante profundas para os que tinham se vestido assim, para os alfaiates, para os comerciantes de tecido, etc.? O que deu grandes esperanças aos generais franceses foi que essa bela guarda nacional era comandada por um dos maiores senhores do lugar, o duque Serbelloni. Os vivas ecoavam nos ares, as mais bonitas mulheres estavam às janelas; desde o fim da tarde daquele lindo dia, o exército francês e o povo de Milão foram amigos.

A igualdade que o despotismo introduz entre seus súditos aproximara o povo e a nobreza. Aliás, a nobreza italiana vivia muito mais com o Terceiro Estado do que a da França ou da Alemanha; ela não era separada dos burgueses por privilégios odiosos, como as provas de nobreza que era preciso apresentar, na França, para se tornar oficial. Não havia serviço militar em Milão: os lombardos pagavam um imposto para serem isentos. Enfim, a nobreza de Milão era muito esclarecida. Tinha em seu seio os Beccaria, Verri, Melzi e inúmeros outros menos célebres, mas igualmente instruídos. O povo milanês é naturalmente bom, e o exército teve disso uma prova singular nesse primeiro momento: muitos curas do campo fraternizaram com os soldados. Logo em seguida foram severamente admoestados por seus chefes.

Foi quando partia de Lodi para fazer em Milão essa entrada triunfal que Napoleão recebeu do Diretório uma ordem que não honra muito o diretor Carnot, encarregado do movimento das tropas: o exército devia ser dividido em dois: Kellermann, com uma metade, dita *exército da Itália*, observaria os austríacos no Mincio; Bonaparte, com vinte e cinco mil homens, que formariam o *exército do Sul*, marcharia sobre Roma e, se necessário, sobre Nápoles. Um traidor não teria dado ordem mais favorável aos interesses da coligação. Como é que o Diretório não compreendeu que as tropas francesas iam ter de combater no Adige todas as forças da casa da Áustria? O que significava a posse de Milão, enquanto não se tinha Mântua? Em quinze dias, um general, mesmo muito mais hábil do que Kellermann, teria sido repelido de volta à Bocchetta. Dividir o exército não era provocar a necessidade de uma segunda batalha de Fornovo?

Imagine-se o que deve ter se passado nessa alma fogosa quando recebeu uma ordem tão estranha! O jovem general respondeu com a seguinte carta:

Quartel-general em Lodi, 25 de floreal do ano IV (14 de maio de 1796).

Ao Diretório executivo
Cidadãos diretores,

Acabo de receber o correio que partiu dia 18 de Paris. As esperanças dos senhores estão realizadas, pois a essa hora toda a Lombardia está com a República. Ontem, enviei uma divisão para cercar o castelo de Milão. Beaulieu está em Mântua com seu exército; ele inundou toda a região circundante e lá vai encontrar a morte, porque é a mais malsã da Itália.
Beaulieu ainda tem um exército numeroso; ele começou a campanha com forças superiores; o imperador está lhe enviando dez mil homens de reforço, que estão em marcha. Creio ser má política dividir em dois o exército da Itália; é igualmente contrário aos interesses da República pôr à sua frente dois generais diferentes.
A expedição sobre Livorno, Roma e Nápoles é pouca coisa; ela deve ser feita por divisões em escalões, de modo que possamos, com uma marcha retrógrada, encontrar-nos em força contra os austríacos e ameaçar envolvê-los, ao menor movimento que façam. Para tanto, será necessário não apenas um só general, mas também que nada o atrapalhe em sua marcha e em suas operações. Fiz a campanha sem consultar ninguém e nada teria feito

de bom se tivesse precisado conciliar-me com a maneira de ver de outro. Logrei algumas vantagens sobre forças superiores e, numa carência absoluta de tudo, porque persuadido de que a confiança dos senhores repousava em mim, minha ação foi tão pronta quanto meu pensamento.

Se os senhores me impuserem obstáculos de qualquer espécie; se eu tiver de referir todos os meus passos aos comissários do governo; se eles tiverem o direito de mudar meus movimentos, de tirar-me ou enviar-me tropas, não esperem mais nada de bom. Se os senhores enfraquecerem seus meios dividindo suas forças; se quebrarem na Itália a unidade do pensamento militar, digo-lhes com dor, perderão a mais bela ocasião para impor leis à Itália.

Na conduta dos negócios da República na Itália, é indispensável terem os senhores um general de sua inteira confiança; se não for eu, não me queixarei, mas esforçar-me-ei por redobrar meu zelo para merecer sua estima no posto que me confiarem. Cada um tem sua maneira de fazer a guerra. O general Kellermann tem mais experiência e irá fazê-la melhor que eu; mas os dois juntos iremos fazê-la muito mal.

Só posso prestar à pátria serviços essenciais se tiver a inteira e absoluta confiança dos senhores. Sinto que é necessário muita coragem para escrever-lhes esta carta, pois seria tão fácil me acusarem de ambição e de orgulho! Mas devo a expressão de todos os meus sentimentos aos senhores que, em todos os tempos, me deram testemunhos de estima que não devo esquecer.

....

A decisão que os senhores tomarem nesta circunstância é mais decisiva para as operações da campanha do que quinze mil homens de reforço que o imperador enviasse a Beaulieu.

BONAPARTE.

Como em tudo o que vai seguir-se, a Lombardia e Milão serão as bases morais em que o general Bonaparte apoiará suas operações, ouso esperar que o leitor me permitirá deter um instante sua atenção sobre essa bela terra.

Em maio de 1796, quando da entrada dos franceses, a população de Milão não se elevava a muito mais de cento e vinte mil habitantes.

Teve-se o cuidado de informar aos soldados, e eles o repetiam entre si, que essa cidade fora fundada pelos gauleses de Autun, em 580 antes de Cristo; que fora freqüentemente oprimida pelos alemães; e que, combatendo contra eles pela liberdade, fora destruída três vezes.

O povo dessa cidade era, então, o mais doce de toda a Itália. Os bons milaneses, ocupados em desfrutar os prazeres da vida, não odiavam ninguém no mundo, sendo nisso bem diferentes de seus vizinhos de Novara, Bérgamo e Pavia. Estes foram civilizados desde então por dezessete anos de uma administração razoável e nada importuna. O habitante de Milão nunca causava dano inútil. A Áustria possuía essa cidade agradável e a Lombardia tão-somente desde 1714 e, coisa que parecerá surpreendente hoje, não procurou idiotizar esse povo e reduzi-lo aos apetites físicos.

A imperatriz Maria Teresa administrara a Lombardia de maneira sensata e verdadeiramente maternal. Fora admiravelmente secundada pelo governador-geral, o conde de Firmian, o qual, longe de mandar para a prisão ou para o exílio os homens mais eminentes do país, ouvia suas opiniões, conversava com eles e sabia segui-los. O conde de Firmian convivia com o marquês Beccaria (autor do *Tratado dos delitos e das penas*), com o conde Verri, o padre Frisi, o professor Parino, etc. Esses homens ilustres procuraram, de boa-fé, aplicar na Lombardia o que se sabia em 1770 das regras da economia política e da legislação.

O bom senso e o valor da sociedade milanesa respiram na *História de Milão*, do conde Pietro Verri. Por volta de 1780, não se publicavam obras assim na França e, sobretudo, a França não era, de modo algum, administrada como a Lombardia. Em meio a nossa felicidade atual, costuma-se esquecer com demasiada freqüência todas as perseguições que Turgot sofreu por ter querido introduzir na administração das comunas da França e na das alfândegas internas, de província em província, algumas das regras que o conde de Firmian e o marquês Beccaria erigiam em bases de sua administração na Lombardia. Podemos dizer que, nesse país, o despotismo era exercido pelos homens mais esclarecidos e buscava, realmente, o bem dos súditos. Mas, no início, não se estava acostumado a essa mansuetude do despotismo que, a partir de 1530 e de Carlos V, sempre foi tão feroz em Milão.

O triunfo de Beccaria implicava alguns perigos; ele sempre temia, e com razão, ser mandado para a Spielberg[1] da

---

[1] Fortaleza situada na Morávia, para onde os Habsburgo costumavam mandar presos os patriotas italianos. (N. do T.)

época. Resulta desse conjunto de fatos que, como não havia abusos atrozes na Lombardia por volta de 1796, não houve motivos para uma reação sanguinária, para o terror de 1793.

Cumpre confessar que o despotismo esclareceu-se: ele se enganava, empregando em Milão homens como Beccaria e Parini. É aos sábios conselhos do primeiro, é à excelente educação dada pelo segundo a toda a nobreza e à rica burguesia, é à sua sábia administração que o povo milanês deve a capacidade de compreender o que havia de sincero nas proclamações do general Bonaparte. Ele logo viu que, com o jovem general, não havia a temer uma guilhotina levantada permanentemente nas praças públicas, como os partidários da Áustria anunciavam. Esqueci de dizer que, por haver tido medo em 1793, o despotismo retomara todas as suas antigas atitudes e fizera-se detestar.

Portanto, foi sincero e geral o entusiasmo nos primeiros tempos. Alguns nobres, alguns padres de posição elevada, foram as únicas exceções. Mais tarde o entusiasmo diminuiu; a causa disso foi apontada na extrema pobreza do exército. O bom povo milanês não sabia que a presença de um exército, mesmo libertador, é sempre uma grande calamidade.

Constituem a única exceção as mulheres bonitas, que ficam curadas do *mal do tédio*. Ora, um exército todo de jovens, no qual ninguém tinha ambições, estava admiravelmente predisposto a fazê-las perder a cabeça. Aconteceu, por um acaso que só se renova em longos intervalos, que havia então em Milão doze ou quinze mulheres da mais rara beleza, tão bonitas que nenhuma cidade da Itália apresentava semelhante reunião havia quarenta anos.

Escrevendo após esse longo intervalo de tempo, tenho a esperança, bem-fundada, de não chocar nenhuma suscetibilidade inserindo aqui uma lembrança esmorecida de algumas dessas mulheres encantadoras, que encontrávamos no *Casino della Città* e, mais tarde, no baile da *casa Tanzi*.

Por felicidade, essas mulheres tão bonitas, das quais os estrangeiros podem ter uma idéia olhando a forma das cabeças das *Herodíades* de Leonardo da Vinci, não possuíam a menor instrução; em compensação, a maioria delas tinha muito espírito, e um espírito infinitamente romanesco.

Desde os primeiros dias, só se falou, no exército, da estranha loucura em que caíra o general que transmitia as ordens do general-em-chefe e que era tido, então, como seu favorito. A bela princesa Visconti tentara, ao que se dizia, virar a cabeça do próprio general-em-chefe; mas, percebendo a tempo que não era coisa fácil, voltou-se para a segunda personagem do exército, e cumpre confessar que seu êxito foi total. Essa paixão foi o único interesse da vida do general Berthier, até sua morte, ocorrida dezenove anos mais tarde, em 1815.

Logo foram citadas outras loucuras menos duradouras, sem dúvida, mas igualmente vivas. Lembre-se o leitor mais uma vez que, naquela época, ninguém, no exército, tinha ambições, e muitas vezes vi oficiais recusarem uma promoção para não terem de se separar de seu regimento ou de sua amante. Como estamos mudados! Onde está, agora, a mulher que ousaria ter pretensão até mesmo a um momento de hesitação?

Citavam-se então, em Milão, entre as beldades, as senhoras Ruge, mulher de um advogado que mais tarde tornou-se um dos diretores da República; Pietra Grua Marini, mulher de um médico; a condessa Are..., sua amiga, que pertencia à mais alta nobreza; a senhora Monti, romana, mulher do maior poeta da Itália moderna; a senhora Lambert, que fora distinguida pelo imperador Joseph II e que, embora já de certa idade, ainda era o modelo das graças mais sedutoras e podia rivalizar, sob esse aspecto, com a própria senhora Bonaparte.

E, para concluir com o ser mais sedutor e, talvez, os mais belos olhos já vistos, devo citar a senhora Gherardi, de Brescia, irmã dos generais Lecchi e filha do famoso conde Lecchi, de Brescia, cujas loucuras de amor e ciúme foram notadas até em Veneza.

Foi ele que, certa vez, na Páscoa, pôs o capuz e a barba de um capuchinho com fama de santo e comprou a permissão de se esconder em seu confessionário, a fim de ouvir a marquesa C..., sua amante. Foi ele que, vendo-se atrás das grades em Veneza, em punição pelas insignes loucuras que cometera pela marquesa C..., pôs seis mil cequins na mão do carcereiro, o qual, com isso, concedeu-lhe liberdade por trinta e seis horas. Seus amigos tinham lhe reservado cavalos nos postos de muda; ele correu até Brescia, onde chegou num dia de festa, no inverno, às três da tarde, quando todo o mundo saía das vésperas.

Lá, diante de toda a cidade, deu um tiro de bacamarte no marquês N..., que lhe fizera uma patifaria, e o matou.

Voltou a toda pressa para Veneza e foi sem mais tardar para a prisão. Três dias depois, solicitou uma audiência ao senador chefe da justiça criminal; conseguindo-a, queixou-se amargamente da crueldade inaudita do carcereiro para com ele.

O grave senador, depois de ouvir, comunicou-lhe a estranha acusação de assassinato que a *Quarantia* criminal acabava de receber contra ele.

— Veja Vossa Excelência a ira de meus inimigos — replicou o conde Lecchi com uma modéstia perfeita. — Sabe Vossa Excelência muito bem onde eu estou faz oito dias.

Enfim, o conde teve a glória, tão preciosa para um nobre de terra firme, de enganar a admirável polícia do Senado de Veneza e voltou triunfalmente a Brescia, de onde foi, alguns dias depois, para a Suíça.

A condessa Gherardi, filha do conde Lecchi, tinha, talvez, os mais lindos olhos de Brescia, a terra dos lindos olhos. Ela somava ao gênio de seu pai uma doce alegria, uma simplicidade real, que jamais foi alterada pela mais ínfima suspeita de artifício.

Todas essas mulheres de deslumbrante beleza por nada no mundo teriam deixado de comparecer todas as noites ao passeio de carruagem chamado *corso*, que se realizava então no bastião da Porta Oriental. Trata-se de uma antiga muralha espanhola, situada cerca de quarenta pés acima da planície verdejante, que parece uma floresta, e plantada de castanheiros pelo conde Firmian.

Do lado da cidade, essa muralha domina os jardins e, acima das grandes árvores daquela que veio a se chamar *Villa Bonaparte*, ergue-se o admirável domo de Milão, construído de mármore branco, em forma de filigrana. Esse domo ousado não tem rival no mundo, salvo o de São Pedro de Roma; porém é mais singular.

O campo nos arredores de Milão, visto das muralhas espanholas, que, numa planície tão regular, formam uma elevação considerável, é de tal modo coberto de árvores, que apresenta o aspecto de uma densa floresta, na qual o olhar não é capaz de penetrar. Além desse campo, imagem da mais espantosa fertilidade, ergue-se, a algumas léguas de distância, a imensa cadeia dos Alpes, cujos picos permanecem cobertos de neve, mesmo nos meses mais quentes. Do bastião da Porta Oriental, o olhar percorre essa longa cadeia, desde o monte Viso e o monte Rose até as montanhas de Bassano. As partes mais próximas, embora distando doze ou quinze léguas, parecem estar a apenas três. Esse contraste da extrema fertilidade de um belo verão com as montanhas cobertas de neve eterna enchia de admiração os soldados do exército da Itália, que, por três anos, haviam vivido nos rochedos áridos da Ligúria. Conheciam com prazer aquele monte Viso, que haviam visto por tanto tempo acima de suas cabeças e detrás do qual viam agora o sol se pôr. O fato é que nada poderia ser comparado com as paisagens da Lombardia. O olhar encantado percorre essa admirável cadeia dos Alpes por um espaço de mais de sessenta léguas, desde as montanhas acima de Turim até as de Cadore, no Friuli. Esses picos ásperos e cobertos de neve formam um admirável contraste com os sítios voluptuosos da planície e das colinas, que estão no primeiro plano e parecem compensar o calor extremo, para o qual a gente vem procurar alívio no bastião da Porta Oriental. Sob essa bela luz da Itália, o sopé dessas montanhas, cujos picos são cobertos de neve de uma brancura tão fulgurante, parece de um louro escuro: são as próprias paisagens de Ticiano. Por efeito da pureza do ar a que nós, do Norte, não estamos habituados, percebemos com tanta nitidez as casas de campo construídas nas últimas vertentes dos Alpes, do lado italiano, que imaginaríamos estar a apenas duas ou três léguas delas. A gente do lugar apontava para os jovens franceses, deslumbrados com esse espetáculo, a Serra de Lecco (o *Rezegon de Lek*) e, mais longe, sempre em direção ao Oriente, o grande espaço vazio que forma um chanfro nas montanhas, ocupado pelo lago de Garda. É desse ponto do horizonte que os milaneses, reunidos no bastião da Porta Oriental, ouviram chegar, com tanta ansiedade, dois meses depois, o barulho do canhão de Lonato e de Castiglione: sua sorte estava sendo decidida. E não só ela. Tratava-se do destino de todas as instituições que, nessa época, constituíam suas esperanças apaixonadas; mas cada um deles também podia perguntar-se: em que prisão serei jogado, se os austríacos voltarem a Milão?

Nessa época, sua paixão pelos franceses estava no auge e eles haviam perdoado ao exército todas as suas requisições.

Mas, para voltarmos ao *corso* de Milão, cuja admirável situação levou-nos a essas descrições, é bom saber que, na Itália, seria a pior indecência faltar ao passeio de carruagem, ao qual a melhor sociedade comparece todos os dias. Todas as carruagens arrumam-se em fila, depois de terem dado uma volta no bastião da Porta Oriental, e assim ficam uma meia hora. Os franceses não conseguiam superar o espanto que lhes causava esse gênero de passeio sem movimento. As mulheres mais bonitas iam ao *corso* em veículos não muito altos, chamados *bastardelas*, que permitiam muito bem a conversa com os que passeavam a pé. Após meia hora de conversa, todas essas carruagens tornam a se pôr em movimento, ao cair da noite (na hora da *Ave Maria*) e, sem descer, as damas vão tomar sorvete no mais célebre café, que, na época, era o da *Corsia de Servi*.

Deus sabe que os oficiais desse exército jovem nunca deixavam de se encontrar, na hora do *corso*, no bastião da Porta Oriental. Os oficiais do estado-maior brilhavam, porque estavam a cavalo e paravam perto das carruagens das mulheres. Antes da chegada do exército, nunca se viam mais que duas fileiras de veículos no *corso*; na nossa época, sempre se viam quatro filas, que ocupavam todo o comprimento do passeio, às vezes seis. Era no centro dessas seis fileiras de carros que os que chegavam davam sua única volta, em trote curto.

Os oficiais de infantaria, que não podiam penetrar nesse dédalo, amaldiçoavam os oficiais a cavalo e, mais tarde, iam sentar-se diante do café na moda; ali, podiam falar com as mulheres que conheciam, enquanto elas tomavam sorvete. A maioria, depois desse momento de conversa, voltava durante a noite a seus acantonamentos, às vezes a cinco ou seis léguas.

Nenhuma recompensa, nenhuma promoção teria sido comparável, para eles, a esse gênero de vida tão novo. De Milão, chegavam ao acantonamento numa *sediola* que lhes fora emprestada por algum amigo. A *sediola* é um carro de duas rodas altíssimas, puxado a trote ligeiro por um cavalo magro que, com freqüência, faz três milhas por hora.

Essas saídas, que os oficiais faziam sem permissão, deixavam desesperado o estado-maior da praça e o general Despinois, no comando. Afixavam-se sem parar *ordens do dia* que ameaçavam os oficiais viajantes de destituição; mas ninguém ligava para elas. Os generais que comandavam as divisões, com exceção do velho Serrurier, eram indulgentes.

Um oficial vinha a cavalo, de dez léguas, para passar uma noite no *Scala*, no camarote de uma mulher conhecida. Durante esse verão de 1796, que, após dois anos de miséria e inação na rochas vizinhas de Savona, foi para o exército uma admirável mistura de perigos e prazeres, era em frente ao café da *Corsia de Servi* que se encontravam os oficiais dos regimentos mais distantes. Muitos, para escaparem de mostrar a *permissão* dada pelo coronel e visada pelo general-de-brigada, deixavam sua *sediola* fora da porta da cidade e entravam a pé. Após os sorvetes, as damas iam passar uma hora em casa e, talvez, receber alguma visita; depois, apareciam novamente em seus camarotes no *Scala*. São, como se sabe, pequenos salões, em que eram recebidos ao mesmo tempo oito ou dez amigos. Não havia oficial francês que não fosse recebido em vários camarotes. Os que, estando totalmente apaixonados e sendo tímidos, não tinham essa felicidade consolavam-se ocupando na platéia um lugar bem escolhido, sempre o mesmo; dele, esses guerreiros tão audaciosos dirigiam olhares cheios de respeito ao objeto de suas atenções. Se ela respondia a esse olhar levando ao olho o lado do binóculo que afasta, eles se consideravam infelicíssimos. De que não era capaz um exército de rapazes a quem a vitória dava tais loucuras!

Na sexta-feira, dia em que não há espetáculo na Itália, em memória da Paixão, todos se reuniam no *Casino dell'Alberge della Città* (*Corsia de Servi*), onde havia baile e *conversação*.

Cumpre confessar que ao cabo de alguns dias a popularidade do exército decrescia um pouco. Quase todos os *cavalieri serventi* que dominavam na época da chegada dos franceses pretendem ter do que se queixar. A moda dos *cavalheiros serventes* só foi abolida por volta de 1809, em conseqüência de medidas *morais* adotadas pelo despotismo do rei da Itália. Essas ligações eram outro motivo de espanto dos franceses; muitas duravam quinze ou vinte dias. O cavalheiro servente era o melhor amigo do marido, que, por sua vez, desempenhava função semelhante em outra casa.

Os oficiais franceses precisaram de muito tempo para compreender que, longe de se inquietar com a assiduidade do cavalheiro servente, a vaidade do marido milanês ficaria fortemente ofendida se sua mulher não tivesse um.

Essa moda, que parecia tão estranha, vinha de um povo grave: os espanhóis, que governaram Milão de 1526 a 1714. A mulher de um espanhol não devia ir à missa conduzida pelo marido; isso teria sido sinal de pobreza ou, pelo menos, de insignificância: o marido devia estar ocupado por seus grandes negócios. Uma dama devia dar o braço a um escudeiro. Daí sucedeu que, na classe burguesa, que não tinha escudeiro, um médico pediu a seu amigo advogado que desse o braço à sua mulher em todos os lugares públicos, enquanto ele conduziria a mulher do advogado. Em Gênova, nas famílias nobres, o contrato de casamento trazia o nome do futuro cavalheiro servente. Logo tornou-se do melhor tom ter um cavalheiro servente não casado, e esse uso coube aos benjamins das famílias nobres. Pouco a pouco, o amor apoderou-se desse uso, e a mulher, um ou dois anos depois do casamento, substituía por um cavalheiro escolhido por ela o amigo da casa escolhido pelo marido.

Nas Calábrias, em nossos dias, o homem de espírito de uma família se torna padre, busca uma boa posição e dá por esposa a um de seus irmãos a moça que prefere. Se, mais tarde, essa jovem mulher se aventurasse a fazer uma escolha fora da família, um tiro estaria reservado ao intruso temerário. Justifica-se explicar esse uso severo, porque, durante nossas campanhas de Nápoles, ele deve ter custado a vida de uns duzentos oficiais franceses.

Esse costume dos cavalheiros serventes era geral na Lombardia, quando o exército francês chegou, em maio de 1796, e as damas o defendiam como perfeitamente moral. O "contrato" de um cavalheiro servente durava três ou quatro anos, muitas vezes quinze ou vinte; falo em durar, porque cada instante podia rompê-lo. O que seria mais difícil de explicar é a naturalidade perfeita, a simplicidade admirável dos modos de agir dos milaneses. As explicações seriam totalmente ininteligíveis, ou mesmo revoltantes, para alguém do Norte da França. As pessoas de bom gosto encontrarão uma imagem dessas maneiras em certos libretos de ópera-bufa; por exemplo, a primeira cena da *Prova d'un opera seria* e certas cenas das *Cantatrici Villane*.

A melhor sociedade é, quase em toda parte, como o povo; ela só aprecia um governo por ódio a outro; será que um governo nada mais é que um *mal necessário*? A alta sociedade de Milão tinha tamanha repugnância pelo gordo arquiduque — o qual, segundo nos dizem, vendia trigo às escondidas e aproveitava das situações de penúria, ou as provocava —, que acolheu com entusiasmo o exército francês, que lhe pedia cavalos, calçados, roupas, milhões, mas lhe permitia administrar-se a si mesma. Desde 16 de maio, vendia-se por toda a cidade uma caricatura que representava o arquiduque vice-rei desabotoando seu casaco agaloado, do qual caía trigo. Os franceses não conseguiam compreender aquela figura.

Eles tinham chegado a Milão tão miseráveis, tão sem trajes e camisas, que bem poucos ousaram mostrar-se cheios de si, no mau sentido da expressão; eram apenas amáveis, alegres e muitíssimo galantes.

Se os milaneses estavam loucos de entusiasmo, os oficiais franceses estavam loucos de felicidade, e esse estado de embriaguez continuou até a separação. As relações particulares também duraram até a partida e, não raro, com devoção de ambas as partes. Na volta, após Marengo, em 1800, vários franceses chamados de volta à França cometeram a loucura de pedir demissão e viver pobres em Milão, para não se afastarem de suas afeições.

Podemos repetir aqui, por constituir um estranho contraste com o espírito que o Consulado fez reinar no exército, que teria sido difícil designar em Milão vinte oficiais, em funções subalternas, que tivessem seriamente a ambição das patentes. Os mais terra-a-terra ficavam loucos de alegria com terem roupa branca e bonitas botas novas. Todos gostavam de música; muitos percorriam, como dissemos, uma légua na chuva para vir ocupar um lugar na platéia do *Scala*. Nenhum, acho eu, por mais prosaico, ambicioso e cúpido que possa ter-se tornado posteriormente, esqueceu sua estada em Milão. Foi o mais belo momento de uma bela juventude.

E essa felicidade geral teve um reflexo militar. Na triste situação em que o exército se encontrou antes de Castiglione e antes de Arcole, todo o mundo, com exceção dos oficiais experientes, foi da opinião de tentar o impossível para não ir embora da Itália.

Enquanto era esperada a decisão do Diretório, que podia ser suficientemente cego ou ter bastante inveja da glória do jovem general para aceitar sua demissão e substituí-lo por Kellermann, Moreau ou Jourdan, Napoleão resolveu experimentar perseguir Beaulieu até o Tirol. Deu matéria às conversas dos soldados, coisa essencial sendo eles franceses e jovens patriotas, com uma proclamação em que lhes falava deles em termos feitos para redobrar seu entusiasmo.

Se essa proclamação produziu um bom efeito no exército, fez um maior ainda entre os inimigos. Assinada pelo mesmo homem que acabava de atravessar a ponte de Lodi e de ocupar Milão, ela deu início em Roma e Nápoles àquele pavor do nome francês que Napoleão aí fez reinar tanto tempo.

O general-em-chefe começou o sítio da cidadela de Milão com grandes canhões trazidos de Alessandria e de Tortone. Pôs seu exército em movimento em direção ao Mincio e, enfim, em 24 de maio, partiu para Lodi.

Mas naquele dia os sinos tocavam a rebate na retaguarda do exército, em todas as aldeias vizinhas de Pavia, e essa cidade mesma foi ocupada por dez mil camponeses fanatizados pelos padres. A menor hesitação de parte do general-em-chefe podia tornar esse levante universal na Lombardia. E que não teria feito o exército piemontês no caso de um levante bem-sucedido?

As meias-brigadas francesas estavam todas em movimento e se afastavam rapidamente de Pavia. Os padres deveriam ter retardado três ou quatro dias a revolta, até depois dos primeiros combates com Beaulieu.

Napoleão foi tão admirável nessa surpresa quanto em suas mais belas batalhas; sem interromper o movimento geral de seu exército, tomou Pavia e puniu os revoltados.

Há um dever do qual parecerá cruel até mesmo falar. Um general-em-chefe deve mandar fuzilar três homens para salvar a vida de quatro; muito mais, ele deve mandar fuzilar quatro inimigos para salvar a vida de um só de seus soldados. Mas, por outro lado, os agentes austríacos e os padres que procuraram sublevar a Lombardia agiram bem. Quisera Deus que, em 1814 e 1815, na França, tivesse sido igual o comportamento contra prussianos, austríacos, russos, etc.

Em Pavia, a clemência teria sido um crime para com o exército; ela lhe teria preparado novas vésperas sicilianas. O comandante da guarnição francesa foi fuzilado, assim como o prefeito e o conselho municipal. Para acalmar Pavia, Napoleão mandara para lá o arcebispo de Milão, o que é engraçado.

Napoleão foi informado de que o Diretório acabava de firmar a paz com o rei da Sardenha. Essa paz era muito boa, mas a negociação foi conduzida com uma inabilidade notável, ou, antes, com uma cólera infantil contra os reis. Deveriam ter prometido ao rei da Sardenha uma parte da Lombardia e obtido dele quatro ou cinco regimentos que, mal chegassem ao exército, rivalizassem em entusiasmo com as meias-brigadas francesas.

Beaulieu ocupava o Mincio, rio rápido cujo curso, entre Peschiera e Mântua, forma uma linha bastante forte. Tinha à sua direita Peschiera, o lado de Garda e as altas montanhas que cercam o norte do lago e encontram os Alpes do Tirol. Sua esquerda apoiava-se na praça de Mântua, que, a partir de então, iria ser uma espécie de centro moral de todas as operações militares na Itália.

O exército queria atravessar o Mincio; não teria sido sensato ir se chocar contra as duas praças-fortes das alas; Bonaparte resolveu atacar pelo centro, mas, ao mesmo tempo, quis causar vivas inquietações a Beaulieu do lado de Peschiera. Sob o canhão dessa praça passavam suas linhas de retirada para o Tirol e de comunicação com a Áustria.

Enquanto Napoleão domava Pavia e se preparava para uma nova batalha, podemos dar um instante de atenção ao estado de uma alma dotada de uma sensibilidade tão devoradora e tão pouco suscetível de distração. Como! Para recompensá-lo por suas vitórias quase inacreditáveis e que, pode-se dizer, salvaram a República, o Diretório põe Napoleão na necessidade de pedir demissão! E a cada instante ele podia receber o aviso da aceitação desta, pois o pedido fora enviado em 14 de maio. Só quem conheceu as tormentas que agitavam sem trégua aquela alma de fogo pode imaginar uma ínfima parte dos projetos apaixonados, seguidos de momentos de prostração e desencanto absolutos, que devem ter comovido violentamente aquela natureza deveras italiana. Quero dizer com essa palavra, pouco inteligível para quem não esteve na Itália, uma alma absolutamente contrária às almas sensatas e sábias de Washington, Lafayette ou Guilherme III.

No dia 30 de maio Bonaparte chegou a Borghetto, com o grosso de seu exército. Uma vanguarda inimiga, que se encontrava na margem esquerda do Mincio, foi posta em fuga e atravessou o rio pela ponte de Borghetto, de que queimou um arco. Incontinenti, foi dada ordem de reparar a ponte, mas esse trabalho, executado sob os projéteis da artilharia inimiga, avançava muito lentamente. Uns cinqüenta granadeiros se impacientam; esses bravos jogam-se no Mincio, segurando seus fuzis em cima da cabeça; vão com água até os ombros.

Os soldados austríacos crêem ver a temível coluna da ponte de Lodi; correm, pegam de volta a estrada do Tirol e não pensam mais em pôr obstáculo à travessia do Mincio pelo exército francês.

Beaulieu tentou resistir nas alturas, entre Villafranca e Valeggio; mas, tendo sabido que a divisão Augereau marchava sobre Peschiera, compreendeu que os franceses poderiam ocupar, antes dele, o vale do Adige, cuja margem direita subiu, por Dolce, até Calliano.

No meio desse belo movimento de tropas, o general-em-chefe esteve a ponto de ser capturado em Valeggio, o que teria encerrado de maneira ridícula sua carreira militar. Ao se retirar, Beaulieu deixara treze mil homens em Mântua.

CAPÍTULO VIII

Napoleão compreendeu muito bem que, enquanto Mântua não fosse tomada, poder-se-ia dizer que os franceses tinham percorrido mas não conquistado a Itália. Nada era mais fácil do que perseguir os soldados de Beaulieu: eles estavam tão desmoralizados pelo imprevisto e pela rapidez de seus reveses, que um batalhão francês atacava sem hesitar e punha em debandada três batalhões inimigos. Apesar dessa imensa vantagem, que se perderia se não se apressasse a aproveitá-la, Napoleão não se achou forte o bastante para introduzir-se no coração dos Estados austríacos, enquanto os exércitos do Reno ainda se encontrassem atrás do rio.

Hoje, em 1837, os camponeses e as classes baixas de todos os países civilizados da Europa compreenderam mais ou menos bem que a Revolução Francesa tende a torná-los proprietários, e foi Napoleão quem lhes deu essa educação. Em 1796, eles estavam totalmente nas mãos dos padres e dos nobres e bastante dispostos a se irritar profundamente com as vexações e as pequenas injustiças, inseparáveis do estado de guerra. Um exército francês da época era obrigado a proteger cuidadosamente sua retaguarda, se não quisesse ver assassinados seus feridos e seus soldados isolados. Esses cuidados minuciosos impacientavam Napoleão, e devo confessar que ele os observava muito mal. Ele precisaria ter um bom chefe de guerrilheiros, encarregado de percorrer a retaguarda e punir severamente os assassinatos.

Os camponeses e o populacho da Lombardia, onde os

soldados franceses haviam sido tão bem recebidos pela alta burguesia e por boa parte da nobreza, acabavam de provar, em Pavia, que, no mínimo, tinham opinião muito dividida em relação a seus pretensos libertadores. O rei da Sardenha e os duques de Parma e de Modena haviam deposto as armas; mas os relatórios dos espiões não deixavam a menor dúvida quanto a seu desejo de atacar os franceses ao menor revés sério. A Cúria de Roma, cujo poder os decretos da Assembléia Constituinte atacavam, não procurava ocultar seu ódio furibundo. Nápoles podia socorrê-la e, o que era muito mais importante, os ingleses, senhores da Córsega, podiam lançar seis mil homens em Civitavecchia ou em Ancona, reunir vinte mil soldados italianos e marchar em socorro de Mântua, ou, pelo menos, ocupar a margem direita do Pó.

Napoleão tinha apenas quarenta e cinco mil homens, no máximo. Mântua abrigava uma guarnição de doze mil austríacos; Beaulieu, reunido aos tiroleses, tinha trinta mil homens no vale do Adige, e trinta mil soldados aguerridos, vindos do Reno, estavam em marcha para Innsbruck e vinham juntar-se a ele.

Se houvesse em Veneza um só homem como os que ela produzia em abundância por volta de 1500, na época da batalha de Agnadel, essa República teria sido capaz de sozinha garantir a superioridade aos exércitos austríacos e livrar a Itália dos franceses. Quanto aos motivos da guerra, não faltavam: não haviam os franceses tomado Peschiera e Verona? Não viviam eles de requisições em espécie feitas ao país?

Mas, desde a perda da Moréia, abandonada aos turcos por volta de 1500, os nobres de Veneza, não necessitando mais de energia, caíram na lassidão. Essa cidade aprazível tornara-se o centro da volúpia na Europa. A gente distraía-se espirituosamente nela, quando Paris ainda não era mais que um agrupamento deveras grosseiro de comerciantes e soldados que se roubavam mutuamente. Até cerca do fim do reinado de Luís XIV, Veneza foi a cidade da Europa mais agradável para morar. Os cidadãos que não se ocupavam diretamente de criticar o governo eram muito mais livres do que se era em Paris em 1715 e mesmo em 1740. Não conheciam nada igual à bula *Unigenitus*, e os padres não podiam perseguir ninguém lá. A República tivera a coragem de empregar contra a corte romana um homem genial, *fra Paolo Scarpi*, que, em Paris, teria sido encerrado na Bastilha.

Quando a irrupção do general Bonaparte veio atemorizar os pequenos príncipes da Itália, Veneza contava com um só homem enérgico, o procurador Pesaro. É verdade que todos os senadores e todos os magistrados influentes nutriam por esse homem singular tão-somente inveja e ódio. Essa aristocracia era, de longe, a mais amável, mas também, talvez, a mais imbecil de todas as que dirigiam suas cóleras contra a República francesa. É que ela não podia, como o pariato inglês, como a nobreza da França, comprar um homem de mérito, nascido nas classes inferiores, e ceder-lhe um lugar em seu seio. Pergunte-se como se chamavam, há vinte anos, todos os pares da Inglaterra que mostraram força contra Napoleão e ver-se-á quem defende a aristocracia na França.

O general francês, muito bem servido de espiões, a quem pagava altos salários, conhecia toda a pusilanimidade do governo de Veneza; mas a prudência fazia com que, para ele, fosse uma lei não contar com esse erro de uma potência demasiado forte contra seu exército. Acaso a Inglaterra não podia mandar-lhe um de seus generais formados na Índia?

Veneza tinha três milhões de súditos e uma renda de trinta milhões de francos; o medo podia lhe levar a um empréstimo forçado de igual soma. Ela só tinha, é verdade, doze mil soldados, que formavam sete regimentos de infantaria e seis de cavalaria; mas, com dinheiro, ela teria podido dispor de oito ou dez regimentos suíços e um grande número de dálmatas, naturalmente corajosíssimos. Enfim, esse governo podia pôr no mar vinte e quatro navios de guerra e sua capital era inexpugnável.

Compreende-se que, se faltasse a Napoleão ainda que só um pouco de rapidez em seus movimentos, uma parte de seus inimigos podia despertar do estupor e rechaçá-lo desordenadamente até os muros de Alessandria. É uma verdade que ele evitava deixar que percebessem. Não ignorava que o ministro de Veneza em Paris podia comprar todas as cartas que ele enviava ao Diretório.

Napoleão soube se impor aos aliados inseguros e mesmo aos inimigos pela firmeza de sua atitude. De todos os generais que a Revolução deu a conhecer, não houve um só capaz de semelhante conduta.

Depois da retirada de Beaulieu no Tirol, Napoleão voltou toda a sua atenção para Mântua. A pouca artilharia que o exército da Itália pudera reunir era, então, empregada contra a cidadela de Milão, e ele teria de se contentar em investir contra Mântua. Mas, para ter sucesso, mesmo no caso de um simples bloqueio, era necessário dominar Verona e o curso do Adige, que são a chave da posição (ocupada pelas tropas do bloqueio). Todas as insinuações do provedor Foscarelli opondo-se à marcha sobre Verona foram inúteis. No dia 3 de junho, Masséna tomou essa cidade, situada a trinta e duas léguas de Milão, vinte e cinco de Veneza, dezesseis de Trento; ela tem três pontes de pedra sobre o Adige e um bom recinto.

Se Mântua fosse uma praça como Lille, o exército da Itália não teria podido, ao mesmo tempo, fazer o cerco e dar cobertura a ele. Mas, por uma feliz circunstância — bem adequada, considerando o pequeno número de soldados do exército —, os lagos pantanosos que constituem a força de Mântua permitem à guarnição sair da praça por apenas cinco diques, dos quais só um, o da Favorita, estava defendido em 1796 por um forte.

Napoleão atacou a guarnição, obrigou-a a entrar às carreiras na praça-forte e, por meio de alguns redutos construídos na extremidade dos diques, pôde, com quatro mil homens, impedir que doze mil soldados desembocassem do lado do Pó. A investida contra a cidadela também exigia uma corporação de quatro mil homens. Serrurier, general metódico, severo, firme, que nunca tomava iniciativas, foi encarregado do bloqueio e do comando do regimento de oito mil homens. Augereau, posicionado no baixo Adige, perto de Legnago, protegeu o cerco.

CAPÍTULO IX

Na época da derrota de Beaulieu no Tirol, o rei de Nápoles teve medo e solicitou um armistício; Napoleão ficou felicíssimo, pois isso convinha aos projetos que fazia para o futuro.

O Diretório tinha pelo papa um ódio infantil, e esse ódio tornava-o incapaz de qualquer política, como provaram mais tarde as tolices e os desastres de 1799.

Todavia, não se deve esquecer que Bonaparte se via na necessidade de obedecer às reiteradas ordens de seu governo, de modo que decidiu lançar uma coluna móvel contra Ancona, sujeitando-se a ter de chamá-la às pressas ao Mincio, se fosse preciso. Ele pensou que Augereau poderia, sem grande perigo, avançar ao sul de Mântua até Bolonha.

Foi em 19 de junho de 1796 que Bonaparte chegou a essa cidade, tão digna de ser um dia a capital da Itália. Lá encontrou instrução e firmeza. Se toda a península estivesse evoluída a esse ponto, esse país seria hoje uma potência independente e razoavelmente administrada.

À chegada de seu libertador, Bolonha ficou inebriada; organizou espontaneamente uma guarda nacional de três mil homens, e logo depois essa guarda combateu com bravura contra os austríacos.

Ferrara foi ocupada, e uma coluna, partindo de Piacenza, penetrou na Toscana. Essas demonstrações, acompanhadas de todo o falatório conveniente, amedrontaram a corte de Roma; esta se apressou a solicitar um armistício, que foi assinado em Foligno, em 24 de junho. O exército da Itália obteve a imensa vantagem de contar com uma guarnição em Ancona e não teve mais o medo de ver os ingleses desembarcarem ali alguns milhares de homens, o que poderia ter mudado tudo.

Roma cedeu as legações de Bolonha e de Ferrara e prometeu dinheiro. Essas condições, por demais moderadas, estavam longe de agradar ao Diretório. Mas a loucura desse corpo governante foi causa de uma temeridade feliz.

Augereau apressou-se a vir retomar sua posição protetora no baixo Adige, depois de ter dispersado quatro mil camponeses, que os padres haviam levado à revolta em Lugo, pelo que estou longe de criticá-los: qualquer revolta contra o estrangeiro é legítima e é o primeiro dever dos povos.

Perturbações do mesmo gênero rebentaram nos *feudos imperiais*, pequenos países encravados no Estado de Gênova, na encosta do Apenino voltada para o Piemonte. Camponeses organizados degolavam os soldados dispersos, entre Novi e a Bocchetta. Lannes destruiu esses bandos e saqueou Arquata, seu quartel-general; foi um erro não ter feito reféns.

Napoleão não pôde recusar ao Diretório a ocupação de Livorno. Essa operação foi conduzida com tanta prontidão e tão secretamente, que bastaram apenas duas horas para que os franceses surpreendessem no porto vinte navios ingleses. As tropas francesas esqueceram-se de esperar, para se porem em marcha, o aparecimento do vento de Libeccio. Foram apreendidas todas as mercadorias e propriedades inglesas, o que enriqueceu um número infinito de ladrões enviados de Paris para integrar o exército.

O grão-duque da Toscana, Ferdinando, respeitara a neutralidade, à qual se comprometera no ano precedente, com uma boa-fé da qual todos os príncipes da Europa acreditavam-se dispensados para com a República. Por isso, o general Bonaparte procurou uma oportunidade de dar a esse príncipe uma prova de estima: veio encontrá-lo em Florença sem se fazer acompanhar de nenhuma escolta. Não temeu receber o tratamento que, trinta meses depois, os hussardos do arquiduque Carlos deram a Roberjot e aos outros plenipotenciários de Rastadt.

O general dava-se ao trabalho de explicar pessoalmente ao grão-duque que a posição de Livorno, considerável porto marítimo situado em face da Córsega, então em poder dos ingleses, tornava a ocupação daquela praça indispensável para a segurança do exército francês.

Bonaparte jantava no palácio do príncipe quando recebeu o correio que lhe trazia a notícia da rendição do castelo de Milão; a guarnição capitulara no dia 29 de junho. Ele dispunha, pois, de um arsenal de artilharia para sitiar Mântua. A trincheira foi aberta diante dessa praça, em 18 de julho.

Serrurier continuou a comandar o cerco; infelizmente, ele nada podia contra a imprudência de seus soldados, esgotados com o forte calor do dia. Era julho; aquela rapaziada se expunha com delícia ao frescor da noite e caía enferma, às centenas, no meio daqueles pântanos empestados da região mantuana.

O resto do exército ficara em observação à margem do Adige e do lago de Garda. Masséna, com quinze mil homens, formava o centro em Rivoli e Verona; o general Sauret, com quatro mil, estava à esquerda e ocupava Salò, cidadezinha situada na margem ocidental do lago de Garda. A reserva, constituída por seis mil homens, encontrava-se entre a direita e o centro. Enfim, Augereau, com seus oito mil homens, formava a direita em Legnago.

Graças a essa posição, sabiamente calculada, o general-em-chefe, que se via rodeado de inimigos declarados ou secretos, podia reunir a totalidade de seu exército, por meio de *movimentos concêntricos interiores,* numa ou noutra margem do Míncio, conforme o inimigo atacasse por Salò ou pelo vale do Adige, pois todo o mundo percebia que, em pouco tempo, o exército austríaco tentaria socorrer Mântua.

CAPÍTULO X

Vamos entrar agora no relato de operações admiráveis; mas, para que possa ser sensível ao que elas têm de sublime, pedirei ao leitor que dê uma olhada num mapa do lago de Garda. As margens desse lago, com seus contrastes de belas florestas e de água tranqüila, formam talvez as mais belas paisagens do mundo, e os jovens soldados do exército da Itália estavam longe de mostrar-se insensíveis a suas belezas. Para o norte, na direção de Riva, o lago se estreita e se perde no meio de altas montanhas cujos picos permanecem cobertos de neve o ano inteiro, ao passo que diante da bonita cidadezinha de Salò forma um lençol d'água admirável, com pelo menos três léguas de largura, e o viajante pode abarcar com o olhar uma extensão de mais de dez léguas, de Desenzano ao sul, onde passa a estrada que liga Brescia a Verona.

As margens do lago e as colinas à sua volta são cobertas de magníficas oliveiras, que nessa região são grandes árvores, e castanheiros em todas as margens expostas ao sul e abrigadas do vento norte por uma colina que vem terminar no lago em precipício. Distingue-se a folhagem escura de belas laranjeiras, que crescem ali no meio do campo; sua cor forma um admirável contraste com a das montanhas do lago, que é aérea e leve.

Diante de Salò e a levante do lago, eleva-se uma enorme montanha de forma arredondada e despojada de árvores, o que, penso eu, valeu-lhe o nome de *Monte Baldo*. É atrás desse monte, a certa distância e a oriente do lago, que corre numa garganta profunda o Adige, esse rio que se tornou célebre pelas batalhas que vamos contar.

Foi num platô, ou planície elevada, situada entre o Adige, o Monte Baldo e a cidade de Garda — que dá seu nome ao lago —, que ocorreu, no mês de janeiro seguinte, a imortal batalha de Rivoli.

Ao sul do lago, as colinas arborizadas e férteis que separam o grande burgo de Desenzano da pequena cidade de Lonato são talvez as mais agradáveis e mais singulares de toda a Lombardia, região célebre por suas belas colinas coroadas de bosques. A palavra *ameno* parece ter sido criada para essas paisagens deslumbrantes.

Do alto dessas colinas de Desenzano, que a estrada percorre elevando-se, à medida que avança na direção de Brescia, pode-se dominar bastante bem o lago para desfrutar o aspecto de suas margens. O viajante distingue a seus pés a península de Sermio, célebre pelos versos de Catulo e notável, mesmo ainda hoje, por suas grandes árvores. Percebe-se mais longe, um pouco à direita, na direção de Verona, a triste fortaleza de Peschiera, escura e baixa, construída como uma eclusa de moinho no lugar em que o Mincio sai do lago. Em 1796 ela pertencia aos venezianos que, quando a liga de Cambrai os atemorizou, despenderam vinte milhões de francos para construí-la.

Lonato se anuncia ao longe na estrada de Brescia pelo domo branco de sua igreja. Mais para o sul percebe-se Castiglione, triste cidadezinha situada numa dobra do terreno, no meio de uma planície de cascalho, estéril e rochosa. É o único lugar de toda a cercania desprovido de encanto.

Atrás de Castiglione e de Lonato, por conseguinte no poente do lago, corre o pequeno riacho de Chiese, que a menor tempestade, no verão, transforma numa torrente magnífica. Ele desce dos Alpes paralelamente ao lago, e os austríacos atacaram amiúde o flanco esquerdo do exército francês seguindo suas margens. Depois de rechaçados, costumavam procurar refúgio no meio das montanhas de Gavardo, cobertas de castanheiros.

Não obstante o que pudessem dizer seus oficiais, os soldados abandonavam as casas dos camponeses em que estavam alojados para se estabelecerem ao fresco, debaixo das árvores de Gavardo e dos arredores. Não era raro que toda uma companhia acampasse sob um imenso castanheiro, e no dia seguinte alguns estivessem com febre. Não é que a região seja malsã, como a planície de Mântua, mas a transição do calor extremo do dia ao frescor da noite, aumentado ainda pelo vento dos Alpes, é forte demais para saúdes francesas.

Foi durante o mês em que as margens do lago são mais agradáveis, durante o forte calor de agosto, que os nomes de duas cidadezinhas situadas na vizinhança, Lonato e Castiglione, foram imortalizados pelas batalhas de mesmos nomes. Nessa época do ano, as várzeas e as planícies estavam cobertas pelas plantações de milho, planta que, nessa região, chega a oito ou dez pés de altura e cujos caules são tão folhosos que as surpresas tornavam-se fáceis. Aliás, as planícies e as encostas são cobertas de olmos de vinte ou trinta pés de altura e carregadas de vinhas, que passam de uma árvore à outra, o que dá ao campo o aspecto de uma floresta contínua; no verão, o olhar muitas vezes não consegue penetrar a mais de cem passos da estrada principal.

Os soldados, cheios de dinheiro, em razão de muitos meses de soldo pagos ao mesmo tempo, jovens, alegres, eram acolhidos com admiração pelas bonitas camponesas dos arredores do lago.

Podemos dizer que, nessa época, cometiam-se muitos desatinos, mas nada de comprometedor ao exército. Os roubos eram obra de funcionários de toda espécie que chegavam em grande número de Paris e se diziam parentes de Barras. Não podia convir ao general Bonaparte, protegido de Barras, castigá-los com demasiada severidade. Já havia uma boa quantidade de pontos sobre os quais o general-em-chefe não estava de acordo com o Diretório. Será que ele tinha, além de tudo, de impedir que os priminhos dos diretores fizessem fortuna?

Esses senhores encarregavam-se de loucuras brilhantes, a favor das *prime donne*, pois a maioria dessas cidadezinhas ocupadas pelo exército tinha companhias de ópera-bufa. Gros, que, na época, pintava miniaturas e era apreciadíssimo no exército, de que era a cabeça mais estouvada, fazia retratos de todas as belas mulheres.

Podemos dizer que, desde a entrada em Milão, no dia 15 de maio, até perto da batalha de Arcole, em novembro, nunca um exército foi tão alegre. Cumpre confessar também que havia pouca subordinação; a igualdade republicana fazia desaparecer muito do respeito pelas patentes, e os oficiais não eram estritamente obedecidos senão durante os combates; mas eles não se preocupavam muito com isso e, como seus soldados, tudo o que procuravam era divertir-se. O general-em-chefe talvez fosse o único homem do exército que parecia insensível aos prazeres; no entanto, a malfadada paixão que tivera por ele a mais célebre e sedutora atriz da época não era segredo para ninguém.

Até Lonato, as batalhas de Napoleão revelam um excelente general de segunda ordem. A travessia do Pó em Piacenza foi consumada com rapidez, a travessia da ponte de Lodi mostrou uma brilhante audácia, mas nunca o exército francês esteve em perigo. Se esteve por um momento próximo de uma posição perigosa nas planícies do Piemonte, a corte de Turim apressou-se a tirá-lo dela, separando-se de Beaulieu e solicitando o armistício de Cherasco.

Os fatos que vamos contar são de natureza bem diferente. Se em Lonato e em Castiglione Napoleão não tivesse sido vencedor, o exército estaria destruído. Nem seus jovens soldados eram talhados para safar-se de uma guerra *infeliz*, toda feita de retiradas e de escaramuças, nem ele tinha talento para dirigi-las. Foi o único grande atributo de gênio militar que lhe faltou. Sua campanha da França em 1814 foi totalmente agressiva; desesperou-se depois de Waterloo; após a retirada da Rússia, em 1813, somente forçado ele deixaria a linha do Oder.

Pode-se dizer que, em seu lugar, em 29 de julho de 1796, nenhum dos outros generais-em-chefe da República teria tido a coragem de resistir. O flanco esquerdo de seu exército era cercado, ao mesmo tempo que forças superiores atacavam-no de frente.

Vamos ver sucessivamente as batalhas de Castiglione, de Arcole e de Rivoli colocar Napoleão na primeira linha entre os maiores capitães. Castiglione e Rivoli têm a audácia do plano; Arcole soma a esse mérito a habilidade e a incrível pertinácia na execução dos detalhes.

A estranha firmeza de caráter de que Napoleão deu prova em dois momentos diferentes, não recuando diante de Lonato e diante de Arcole, talvez seja o mais belo rasgo de gênio que apresenta a história moderna. E notem que não foi um movimento de desespero de uma cabeça limitada, mas a resolução de um sábio, a quem a iminência de um perigo extremo não impede a visão clara e precisa do que ainda é possível tentar. São coisas que a própria lisonja não pode diminuir, pois não há nada mais grandioso no mundo. É, também, uma dessas coisas — na verdade, é a única coisa no mundo — que desculpa o despotismo, seja em relação a quem o tentou, seja em relação aos que o sofreram.

O que falta em Aníbal, em César, em Alexandre, é que não conhecemos suficientemente os detalhes de sua história, para sabermos se alguma vez se viram reduzidos a um estado tão miserável quanto o de Napoleão antes de Arcole.

Nas batalhas de Montenotte, de Millesimo e da ponte de Lodi, o próprio Napoleão dirigia suas divisões; agora que o perigo está centuplicado e que uma negligência, uma distração, um momento de fraqueza podem acarretar a aniquilação do exército, ele vai ser forçado a pôr em ação grandes corpos de tropas, algumas vezes bem longe de seus olhos. Seria necessário, pelo menos, que tivesse generais com os quais pudesse contar; mas, por uma infelicidade que aumenta sua glória, um só talvez, Masséna, era digno de executar os planos de um chefe como Bonaparte. Lannes, Murat, Bessières, Lasalles estavam em seu exército, mas escondidos em patentes inferiores.

Para rematar a sublime beleza da operação de Lonato e Castiglione, ela foi precedida por acontecimentos que todo o mundo tomou por reveses retumbantes e que ela conseguiu reparar.

Brescia foi surpreendida e, em Milão, os mais calorosos partidários dos franceses acreditaram o exército inteiramente perdido.

Thugut, alarmado não sem razão pelos progressos de Napoleão e pelos perigos de Mântua, resolveu opor aos franceses um novo exército e um novo general. Em conseqüência, Wurmser partiu de Mannheim com vinte mil homens de elite e substituiu Beaulieu.

Wurmser, nascido na Alsácia numa família nobre, nos últimos cinqüenta anos servira na Áustria. Distinguira-se na Guerra dos Sete Anos e na da Turquia. Também teve a glória de combater contra Frederico o Grande e contra Napoleão. Em 1793, forçara as linhas de Wissemburg. Em 1795, vencera Pichegru em Heidelberg e invadira o Palatinado. Era um velho hussardo ainda cheio de energia.

Nos últimos dias de julho de 1796, a força do exército austríaco reunida em Trento era de sessenta mil combatentes, e Napoleão só tinha para opor a ele trinta e cinco mil homens. Todas as aristocracias da Europa estavam de olhos voltados para a Itália e acreditavam firmemente que o exército francês ia ser aniquilado. Wurmser não perdeu tempo. À frente de trinta e cinco mil homens, desembocou do Tirol pelo vale do Adige, que, como vimos, é paralelo à margem oriental do lago de Garda e separado desse lago pelo Monte Baldo. Quasdanowich seguiu a margem ocidental do lago e, com vinte e cinco mil homens, marchou sobre Salò e Brescia.

No anoitecer do dia 29 de julho, em Verona, e no correr da noite seguinte, Napoleão foi informado de que, naquele mesmo dia, às três da manhã, Masséna, atacado por forças enormemente superiores, fora expulso do importante posto da Corona, à margem do Adige, e quinze mil austríacos haviam surpreendido em Salò a divisão do general Sauret, o qual, numa circunstância tão importante, demonstrando falta de sangue-frio, recuara para Desenzano, em vez de cobrir Brescia.

Todos os generais então conhecidos ter-se-iam considerado perdidos na posição de Napoleão; mas ele viu que o inimigo, dividindo-se, deixava-lhe a possibilidade de lançar-se entre as duas partes de seu exército e atacá-las separadamente.

Mas era necessário tomar imediatamente uma decisão firme — essa é a qualidade sem a qual não se é um general.

Percebe-se, de passagem, por que é tão fácil escrever sobre a guerra coisas sensatas e indicar as decisões corretas a serem tomadas, depois de ter refletido maduramente.

Era necessário evitar a qualquer preço que Wurmser viesse unir-se a Quasdanowich à margem do Mincio, pois, nesse caso, ele se tornaria irresistível. Napoleão teve a coragem de levantar o cerco de Mântua e abandonar nas trincheiras cento e quarenta peças de grossa artilharia. Era tudo o que o exército possuía.

Ousou fazer o seguinte raciocínio e acreditar nele: "Se for vencido, para que irá me servir esse equipamento de cerco? Terei de abandoná-lo imediatamente. Mas, se conseguir vencer o inimigo, encontrarei meu canhão em Mântua". Restava uma terceira possibilidade: vencer o inimigo e ver-se sem condições de continuar o cerco de Mântua. Mas esse infortúnio era menor do que o de ser escorraçado da Itália.

Provavelmente, Napoleão quis produzir um efeito moral sobre seus generais, conhecê-los e fazer-se conhecer, pois reuniu um conselho de guerra. Kilmaine e os generais experientes opinaram pela retirada; o jacobino Augereau, animado por um belo ardor, declarou que, quanto a si, não iria embora sem ter combatido com sua divisão.

Bonaparte disse-lhes que, se recuassem, perderiam a Itália e que não teriam condições de levar dez mil homens aos rochedos de Savona; que, na verdade, o exército da República era demasiado fraco para enfrentar a totalidade do exército austríaco; mas que podia vencer separadamente cada uma de suas duas grandes divisões. Felizmente, por trinta ou quarenta horas, essas divisões inimigas ainda estariam separadas pela largura do lago de Garda.

Era preciso recuar rapidamente, envolver a divisão inimiga, descer sobre Brescia, vencê-la completamente. Dali, voltar ao Mincio, atacar Wurmser e obrigá-lo a voltar ao Tirol. Mas, para executar esse plano, era necessário, em vinte e quatro horas, levantar o cerco de Mântua; não havia como retardar por mais seis horas. Além disso, era necessário atravessar sem mais tardar a margem direita do Mincio, sem o que seriam envolvidos pelos dois corpos do exército inimigo.

Entrementes, a sra. Bonaparte, que acompanhara o marido até Verona, quis voltar a Milão pela estrada de Desenzano e Brescia, mas o inimigo acabava de interceptá-la. Ela se achava, assim, bem perto das grandes guardas dos austríacos e no meio de suas patrulhas. Achou que seu marido estava perdido, chorou muito e, por fim, aterrorizada, voltou a Milão, passando por Lucca. A acolhida cheia de respeito que recebeu em toda parte consolou-a um pouco.

No dia 30 de julho ao anoitecer, as divisões Masséna e Augereau, assim como a reserva, marcharam sobre Brescia; mas a divisão austríaca, que se apossara dessa cidade, tinha-se posto em marcha de imediato para atacar Napoleão e já chegara a Lonato.

No dia 31, o general Dallemagne retomou Lonato após um combate por muito tempo indefinido e em que o 32º regimento de linha se imortalizou. Era comandado pelo bravo coronel Dupuy (morto mais tarde, no Cairo, como general). É o primeiro combate de Lonato.

O exército francês estabeleceu-se à margem do Chiese; Quasdanowich retirou-se para as montanhas sobre Gavardo. Em 1º de agosto, às dez da manhã, a divisão Augereau, conduzida por Napoleão, entrou em Brescia.

A situação dos austríacos ainda não era muito ruim. Mas, para abortar esse plano tão ousado de Napoleão, teria sido necessário que Wurmser se apressasse a atravessar o Mincio abaixo de Peschiera, em 31 de julho. Ele teria podido chegar facilmente a Lonato; a junção com Quasdanowich ter-se-ia realizado, e o exército francês não teria outra alternativa senão voltar, a toda pressa, ao Ticino ou a Piacenza; Wurmser teria podido, em seguida, triunfar sem problemas em Mântua.

Em vez de pensar em unir-se a seu lugar-tenente, com toda a presteza possível, Wurmser foi fazer sua entrada em Mântua ao som dos sinos e só atravessou o Mincio, em Goito, no anoitecer do dia 2 de agosto, dirigindo-se para Castiglione. Quasdanowich, favorecido em seu recuo pelas montanhas e pelos bosques de Gavardo, estava batendo em retirada, mas não fora seriamente atingido.

No dia 2 de agosto, Augereau retornou a Montechiaro, Masséna tomou posição em Lonato e na ponte San Marco.

Nesse mesmo 2 de agosto, à noitinha, o general Valette (destituído logo depois), encarregado de defender Castiglione e manter a vanguarda de Wurmser longe do exército, abandonou Castiglione com a metade da tropa e veio para Montechiaro, alarmar a divisão Augereau.

No dia 3 de agosto, essa divisão, apoiada pela reserva, marchou sobre Castiglione, enquanto a divisão Masséna continuava em Lonato.

Para obrigar Quasdanowich a continuar sua retirada, o general francês ameaçou suas comunicações com o Tirol e expediu ordem ao general Guyeux de rumar para Salò.

Nada do que havia sido previsto aconteceu. Napoleão pensara atacar Wurmser e, ao contrário, caiu sobre a esquerda de Quasdanowich, que se pusera em movimento para procurar juntar-se de novo, por Lonato, a seu general-em-chefe. Seguindo o método dos austríacos, Quasdanowich dividira seu corpo em várias colunas, uma das quais veio a dar, em Lonato, com a vanguarda de Masséna, que, tendo se engajado na batalha com demasiado ardor, sofreu algumas perdas. Mas o general-em-chefe, que chegava com o grosso da divisão, restabeleceu o combate, tomou Lonato e perseguiu sem descanso essa coluna de Quasdanowich.

No entanto, por um feliz acaso para o inimigo, uma pequena coluna austríaca que havia chegado a Salò antes de

Guyeux, não encontrando ninguém ali, resolvera avançar pelo caminho feito pela coluna que a divisão Masséna acabava de vencer. Encontrou os restos desta e contribuiu para reconstituí-la.

Nessa noite (3 de agosto), Quasdanowich fez suas colunas retomarem as posições iniciais em Gavardo. Ora, enquanto Napoleão derrotava Quasdanowich querendo marchar contra Wurmser, Augereau atacava e batia em Castiglione a vanguarda do marechal. Naquele dia e dois dias depois, Augereau mostrou-se um grande general, o que nunca mais lhe aconteceu na vida.

No dia 4, depois dessa derrota sofrida na véspera, como Wurmser não avançava significativamente, Napoleão aproveitou o dia que lhe era concedido para lançar Guyeux e Saint-Hilaire contra Quasdanowich. Esses generais tiveram a habilidade de chegar, sem serem percebidos, atrás de Gavardo, ocupada pelos doze ou quinze mil homens de Quasdanowich. Ameaçado pela retaguarda, esse general decidiu, enfim, retomar o caminho de Riva, na extremidade setentrional do lago.

Napoleão viu-se, assim, livre desse corpo de exército ainda ameaçador na véspera; sua força era tão perigosa quanto a direção que tomava; se a tivesse mantido, teria podido fustigar a retaguarda da esquerda do exército francês e impedi-la de avançar até o Mincio.

Foi nessas circunstâncias (em 4 de agosto, às cinco da tarde) e enquanto Quasdanowich tomava a decisão de retirar-se para Riva, que ocorreu o célebre ataque-surpresa a Lonato, de que o general francês conseguiu safar-se com tanta presença de espírito.

Dois mil austríacos, ameaçados de serem fuzilados, fizeram a boa ação de depor as armas; eles tinham quatro canhões.

Vê-se muito bem aqui a diferença de gênio entre os dois povos: no momento em que esse regimento de dois mil homens se entregava prisioneiro, sem ter a idéia de tentar a sorte das armas, o campo de Gavardo era inesperadamente atacado por Guyeux e Saint-Hilaire. O ataque-surpresa a Gavardo provocou a fuga de um regimento de doze a quinze mil austríacos, enquanto o ataque-surpresa ao quartel-general de Napoleão valeu-lhe um número de prisioneiros maior que o de soldados que ele tinha consigo.

Todas as manobras que acabamos de relatar eram hábeis, audaciosas, mas ainda não havia nada definitivo. Se Quasdanowich não tivesse tido a singular idéia de fugir para mais longe do que o perseguiam, teria podido juntar-se a seu general-em-chefe por Garda ou mesmo por Desenzano. Os dois regimentos austríacos poderiam atacar juntos e encontrar-se em Lonato.

Mas nada disso aconteceu. A Wurmser faltava atividade e a Quasdanowich, audácia.

O combate que devia decidir o êxito final de toda a operação foi travado em 5 de agosto.

Wurmser criou vários destacamentos e, enfim, teve a idéia de chegar ao campo de batalha decisivo com apenas vinte e cinco mil homens. As divisões Masséna e Augereau, reunidas à reserva e que Bonaparte posicionara perto de Castiglione, apresentavam, sozinhas, uma força igual à do inimigo, e o general francês ainda esperava a divisão Serrurier, que devia desembocar na retaguarda da esquerda austríaca.

"Em 5 de agosto, ao romper do dia", diz Napoleão em seu informe ao Diretório, "encontramo-nos face a face; mas eram seis da manhã e ninguém ainda se movia. Fiz todo o exército realizar um movimento de recuo, para atrair o inimigo sobre nós".

O combate começou, mas os franceses combatiam sem procurar rechaçar o inimigo; de repente, as tropas de Serrurier aparecem ao longe na planície, perto de Cavriana; Bonaparte movimenta seriamente sua direita e seu centro.

Wurmser vê-se contornado pela esquerda; teme ser repelido para o lago de Garda; julga, enfim, que uma pronta retirada era sua única salvação; atravessa de novo o Mincio, abandonando vinte canhões.

Mas ele podia chamar o regimento de Quasdanowich e estabelecer-se solidamente à margem do Mincio; nada o impedia de apoiar sua esquerda em Mântua, cuja guarnição, constituída por quinze mil homens de tropas recentemente formadas, estava agora livre para agir.

No dia 6 de agosto, enquanto o grosso do exército francês ocupa os austríacos à margem do Mincio com um vivo canhoneio, Masséna apressa-se a atravessar esse rio em Peschiera e vem cair sobre a ala direita de Wurmser, estabelecida diante dessa praça. Entrincheiramentos apenas esboçados foram levados a sério e o inimigo resolveu, por fim, voltar para o vale do Adige. O general Victor distinguiu-se nessa batalha.

No dia 7 de agosto, às dez da noite, Napoleão entrou em Verona e, nessa ocasião, o provedor veneziano representou o mais cômico papel: ele se dizia neutro e carecia de boa-fé; queria mostrar força contra um exército vitorioso e não tinha um só soldado que estivesse disposto a combater.

Wurmser marchou depressa pela primeira vez; subiu de novo o vale do Adige até Alla. O general Bonaparte não deixou de mandar perseguirem-no e, enfim, em 12 de agosto, o exército francês havia recuperado todas as posições que ocupava antes do movimento ofensivo do marechal austríaco.

Esses sucessos tão surpreendentes foram pagos com a perda irreparável de toda a artilharia pesada que o exército havia reunido com tanta dificuldade sob as muralhas de Mântua. A divisão Serrurier, comandada pelo general Fiorella, voltou para diante dessa praça, mas não se tratava mais de sitiar: havia que contentar-se com um simples bloqueio, de que foi encarregado o general Sahuguet.

Longe de ter lançado de novo os franceses na direção de Alessandria, o marechal Wurmser voltara para o Tirol, com dez ou doze mil homens e cinqüenta canhões a menos; no entanto, o que era muito mais importante, perdera a honra das armas.

Se esse general tivesse tanta instrução quanta bravura pessoal, ele teria podido encontrar advertências úteis na história militar. De fato, foi no mesmo teatro da sua derrota que o príncipe Eugênio de Savóia realizou, em 1705, sua admirável campanha contra Vendôme. Esse general, que era tido como um dos mais diligentes generais de Luís XIV, tinha a posse de Mântua e deixou sua esquerda ser contornada. O príncipe Eugênio teve a incrível audácia de transportar sua infantaria para a margem esquerda do lago, em Gavardo, em barcos navegando em águas agitadas pelos ventos como as do mar. Esse movimento singular durou nada menos de seis dias; Napoleão não teria necessitado da metade desse tempo para destruir um exército que tivesse ousado tentar tal manobra em sua presença. Cumpre confessar que, entre 1705 e 1706, o grande Frederico apareceu e introduziu a rapidez de marcha na arte militar.

CAPÍTULO XI

Em 19 de agosto de 1796, o rei da Espanha firmou com a República um tratado de aliança ofensiva e defensiva. Esse acontecimento teve uma influência salutar sobre os governos de Nápoles e Turim. Cumpre lembrar que, de fato, o rei da Sardenha podia destruir o exército francês, em caso de revés no Adige. Em conseqüência da imperícia do Diretório, o exército piemontês não combatia sob as ordens de Bonaparte; estava intacto e uma intriga da corte podia lançá-lo contra ele.

Mal os austríacos voltaram ao Tirol, Wurmser, a quem se juntaram alguns batalhões, viu-se de novo superior em número aos franceses. Esse marechal recebeu a ordem taxativa de libertar Mântua, mas conhecia tão mal o caráter de seu adversário, que imaginou poder alcançar esse objetivo sem combates.

Davidowich, com vinte mil homens, foi encarregado da defesa do Tirol; o próprio Wurmser, com os vinte e seis mil restantes, atravessou, perto da nascente do Brenta, as montanhas que formam o vale do Adige e seguiu o curso daquele rio, com o objetivo de desembocar, por Porto Legnano, na retaguarda do exército francês.

Quis o acaso que, quando Wurmser penetrava no vale do Brenta, o general francês, que acabava de receber um reforço de seis mil homens, avançasse por sua vez no Tirol. Ele queria tentar operar a junção com o exército do Reno. Alguns meses antes, depois da paz com o rei da Sardenha, Napoleão apresentara essa idéia ao Diretório, mas Jourdan fora vencido e

Moreau, comprometido, bateu em retirada e não pôde mais pensar em penetrar no Tirol.

Napoleão ignorava a derrota de Jourdan, bem como os movimentos de Wurmser em direção a Bassano, quando, em 2 de setembro, avançou no vale do Adige. Houve combates brilhantes em Mori e Calliano e uma batalha em Rovereto. Os austríacos não aprendiam com suas derrotas e cometiam os mesmos erros. Seus generais eram velhos; fiéis ao sistema da guerra antiga, dispersavam suas tropas em pequenos destacamentos diante de um homem que agia em massa. Uma nova tática era mais necessária aos austríacos que ao exército francês, cheio de entusiasmo pela liberdade, de orgulho militar e de confiança em seu chefe, capaz de rasgos quase inacreditáveis de bravura e audácia.

CAPÍTULO XII

Aproveitando o longo repouso do exército da Itália, que durou dois meses, de 15 de setembro a 15 de novembro de 1796, vamos nos permitir uma reflexão.

Este livro, estou sentindo, apresenta com demasiada freqüência relatos de batalhas; mas, como evitar esse desfile, se nosso herói começou por aí, se o prazer de alcançar a glória comandando soldados e de vencer com eles formou seu caráter?

Esses relatos de combates parecerão um pouco menos desprovidos de interesse se o leitor se der ao trabalho de apreciar as idéias que seguem. Afinal de contas, fala-se sem cessar em guerra nas nossas sociedades modernas. No futuro, ninguém combaterá mais pela posse de uma província, coisa muito pouco importante para a felicidade de todos; mas sim pela posse de uma Carta ou de um *certo governo*. Enfim, nesse século de hipocrisia universal, as virtudes militares são as únicas que não podem ser substituídas com vantagem pela falsidade.

A arte militar, para quem tiver boa-fé e quiser libertá-la das palavras bombásticas, é simples de definir: ela consiste, para um general-em-chefe, em fazer com que seus soldados *se encontrem em dois contra um no campo de batalha*.

Essa afirmação diz tudo. É a regra única, mas muitas vezes o general só tem dois minutos para aplicá-la. É uma dificuldade que não se supera facilmente munindo-se de antemão de reflexões sábias e fatos bem contados. É necessário inventar coisas razoáveis em dois minutos, não raro em meio aos gritos e às emoções. O marechal Ney tornava-se, nessas circunstâncias, um vulcão de idéias razoáveis e sólidas; fora delas, falava pouco e mal, parecia até perturbado pela timidez.

É preciso entusiasmo, por assim dizer, para expor a própria vida; é preciso entusiasmo para um capitão de granadeiros, para Gardanne precipitar-se no Mincio, em Borghetto; mas, para um general-em-chefe, a guerra é um jogo de xadrez.

No canto daquele castelo gótico, você vê aquela alta torre; no teto de ardósia tão resvaladiço que a coroa, você percebe um operário que parece pequeno, tão no alto está; se caísse, se despedaçaria. Mas, lá em cima, ele tem outra coisa a fazer que não pensar no perigo que está correndo; seu problema é pregar bem a ardósia, evitar que ela se quebre quando enfia nela o prego; é, numa palavra, prendê-la solidamente.

Se, em vez de pensar em fixar bem a ardósia, ele viesse a pensar no perigo que poderia correr, não faria nada que prestasse.

Assim, se um general tiver a fraqueza de pensar no perigo a que sua vida está exposta, só porá meia atenção em seu jogo de xadrez. Ora, necessita ter uma atenção profunda, porque se trata, ao mesmo tempo, de inventar grandes movimentos e prever os inconvenientes aparentemente menores, mas que podem decidir tudo.

Daí o profundo silêncio que reinava em torno de Napoleão. Dizem que, nas maiores batalhas, com exceção do barulho do canhão mais ou menos próximo, ter-se-ia ouvido voar uma mosca no lugar onde ele estava. As pessoas sentiam-se incomodadas até mesmo para tossir.

Se ao general-em-chefe é necessário uma extrema atenção na partida de xadrez, não lhe é permitido naturalidade: ele tem de ser ator e, tal como no teatro, o grau de sutileza da comédia é calculado com base no temperamento daqueles para quem ela é representada.

São conhecidas as admiráveis macaquices do grande Suvorov. Catinat, o único general sensato dos derradeiros anos de Luís XIV, tinha o aspecto de um filósofo no meio do combate, o que não convém ao caráter francês. É preciso impressionar os soldados dessa nação com algo físico, fácil de se apreender. Ser um magnífico comediante como o rei Murat (muito parecido com o do quadro da batalha de Eylau, de Gros), ou um homem singular, único no gênero, rodeado de generais cobertos de bordados e trajando um redingote cinzento, será prescrito pela comédia, como os penachos infinitos do rei Murat, como o ar altaneiro do subtenente de hussardos. No exército da Itália, adorava-se até o ar doentio do general-em-chefe.

Não é difícil o amor nas circunstâncias a que ele se prende: quando há emoção, nada é necessário senão algo singular.

Em geral, é por volta dos vinte e dois anos que o homem mais dispõe da faculdade de se decidir em dois minutos acerca de seus maiores interesses. A experiência da vida enfraquece essa faculdade, e me parece evidente que Napoleão era um general menos grandioso à margem do Moscova e quinze dias antes da batalha de Dresden do que em Arcole ou em Rivoli.

Para um general-de-divisão, a arte de guerrear consiste em fazer, com sua divisão, o maior mal possível ao inimigo e em sofrer o mínimo possível de danos. O talento de um general-de-divisão aumenta com a experiência, e se o corpo não contraiu enfermidades demasiado importunas, é talvez por volta dos cinqüenta anos que esse talento estará em seu auge.

Vê-se quão absurdo é tornar generais-em-chefe velhos generais-de-divisão; no entanto, foi assim que agiu a Prússia em Iéna. Kalkreuth, Mollendorf e o duque de Brunswick eram apenas velhos generais-de-divisão de Frederico. Para cúmulo da miséria, vários desses velhos generais eram cortesãos, isto é, sentiam, a cada dia da vida, nos últimos trinta anos, o quão facilmente uma circunstância insignificante pode derrubar um homem.

Essa regra de fazer o maior mal e sofrer o menor possível vai passando imutável, do general-de-divisão ao menor subtenente no comando de um destacamento de vinte e cinco homens.

Quando um general francês ataca dez mil austríacos com uma tropa de vinte mil homens, pouco importa que os austríacos disponham, a algumas léguas do campo de batalha, de um segundo regimento de quinze ou vinte mil homens, se esses homens só puderem chegar em socorro do primeiro regimento atacado quando este estiver destruído.

A experiência mostra que mil homens seguros de poder vencer derrotam dois mil ou até quatro mil que, corajosíssimos individualmente, têm dúvidas quanto ao desenlace da batalha. Um regimento de hussardos pode perfeitamente passar ao sabre seis mil soldados de infantaria em fuga; se um general com sangue-frio reunir esses fujões atrás de um arvoredo, mandar cortar oito ou dez árvores e virar os galhos na direção da cavalaria, esta por sua vez irá fugir.

Mas essa exceção não anula, em absoluto, a regra principal e, podemos dizer, única, que consiste, para um general-em-chefe, em se encontrar em dois contra um no campo de batalha.

O princípio do general-em-chefe é absolutamente o mesmo dos ladrões que, na esquina, se encontram em *três contra um* em torno do passante, a cem passos de uma patrulha de dez homens. Que importa a patrulha, que levará três minutos para chegar até o infeliz assaltado!

Todas as vezes que Napoleão cortou uma ala do exército inimigo, outra coisa não fez que encontrar-se em dois contra um.

Em Rovereto, em Bassano e em todos os combates da campanha do Tirol, mil franceses derrotavam sempre três mil austríacos. (Napoleão seguia, pois, a regra, colocando mil franceses diante de mil austríacos[1].)

A grande dificuldade da *marcha de flanco* é que, supondo-se sempre os soldados dos dois exércitos tão lestos e tão corajosos uns quanto os outros, o exército que executa a *marcha de flanco* pode ter um de seus regimentos de oito mil homens envolvido por dezesseis mil inimigos.

O mesmo acidente pode acontecer na passagem da ordem defensiva à ordem ofensiva. Um exército que, na ordem defensiva, ocupa a margem esquerda do Sena, de Paris a Honfleur, terá oitenta ou cem postos de cem homens cada e cinco ou seis regimentos de dois ou três mil homens. Para passar à ordem ofensiva contra um exército vindo de Chartres, por exemplo, ele precisa reunir-se num só batalhão ou, no máximo, em dois. Se, para essa operação, cada um dos pequenos regimentos seguir a linha mais curta, que é a da *linha de bandeiras*, é claro que esse exército, se demorar muito para se movimentar, efetuará realmente uma *marcha de flanco* aos olhos do inimigo, o que proporcionará a este a oportunidade de atacar dois mil homens com quatro mil.

Pouco importa se, a cinco léguas do campo de batalha, os dois mil homens atacados tenham seis mil camaradas: estes só poderão chegar quando os dois mil atacados estiverem *destruídos* (isto é, duzentos mortos, seiscentos feridos, quatrocentos prisioneiros e seiscentos desanimados ou *desmoralizados*, em linguagem militar).

---

[1] Esta informação, aparentemente contraditória, expressa fielmente o que diz o Autor no original. (N. do E.)

Assim, o general Mack, em sua campanha contra Championnet (1799), tinha razão. Seu único erro, quando veio de Nápoles atacar os franceses em Roma, consistiu em imaginar que tinha soldados. Sendo esse ponto geralmente admitido, seis mil napolitanos atacaram três mil franceses; um general-em-chefe não podia fazer melhor.

Uma coisa lança confusão em todos os discursos de guerra: as línguas modernas têm apenas a palavra *exército* para significar tanto um exército reunido de maneira a poder combater durante uma hora, como um exército disperso, vivendo o cotidiano e ocupando vinte léguas de terreno. Por exemplo, chama-se de *exército* cem mil homens reunidos da seguinte maneira: vinte mil no Arco do Triunfo, quarenta mil no Bois de Boulogne, vinte mil em Boulogne e vinte mil em Auteuil; ou o mesmo número de soldados espalhados por todas as cidadezinhas, de Boulogne a Rouen.

É evidente que esse segundo exército não pode combater enquanto não estiver reunido; mas, para que se reúna num espaço de duas léguas, em todos os sentidos, como no Bois de Boulogne e arredores, é preciso: 1º) um tempo de vinte e quatro horas; 2º) que o general-em-chefe tenha antes feito provisões, ou que reúna nesse estreito espaço cem mil rações a cada vinte e quatro horas.

Daí, digamos de passagem, um meio seguro para pôr os austríacos em movimento é atacar a cidade em que armazenam suas provisões. Essa cidade é sempre, para um exército austríaco, o que Mântua foi para o exército do general Bonaparte no fim de 1796: o centro de todos os pensamentos.

A cada trinta anos, conforme a moda tenha concentrado a atenção mais nessa ou naquela *receita para derrotar o inimigo*, os termos de guerra mudam e o vulgo acredita ter progredido em suas idéias quando muda as palavras.

Podemos ler as admiráveis reflexões de Napoleão sobre as campanhas de Aníbal, Turenne, Frederico II, César, etc. Napoleão era seguro o bastante de seus pensamentos para ousar ser claro. Essas reflexões nos fazem ver o ridículo da maioria das frases sobre a arte da guerra.

CAPÍTULO XIII

Napoleão consagrou o mês de outubro aos cuidados que o interior da Itália requeria.

A ameaçadora invasão de Wurmser reavivara as esperanças da Cúria romana, que já não respeitava as condições do armistício de Foligno. Era preciso negociar e ameaçar convenientemente, para dominar esse poder perigoso. Vinte meses depois, viram-se os prodígios que o cardeal Ruffo pôde fazer nas Calábrias, com a exaltação religiosa.

A regência de Modena violara escandalosamente as condições do armistício, entregando à guarnição de Mântua os aprovisionamentos previamente preparados; os franceses ocuparam Modena. Os patriotas de Reggio fizeram eles próprios sua revolução.

Falou-se de formar repúblicas com base no modelo da República francesa. Após um congresso provocado e sabiamente organizado pelo general francês, Bolonha e Ferrara formaram uma; Reggio formou uma segunda. Essas repúblicas que, por alusão aos antigos nomes das províncias romanas, foram denominadas *Cispadanas*, existiram por um momento apenas. Bonaparte procurava estabelecer esses Estados unicamente no interesse de seu exército; idéias mais elevadas lhe eram vedadas pelos preconceitos de Barras e de Reubel e pelos dos próprios italianos. Naquele tempo, cada cidade da Itália odiava e desprezava a cidade vizinha; esse estado de coisas existia, ao que parece, desde antes da conquista dos romanos e apenas se enfraquecera um pouco com o estabelecimento do reino da

Itália, de 1802 a 1815. Esse ódio é, ainda hoje, o maior obstáculo à liberdade ou, pelo menos, à independência da Itália.

Prestando-se ao estabelecimento dessas repúblicas provisórias, Napoleão gostaria de poder conservar para a nobreza e o clero alguns privilégios, pois desejava, antes de mais nada, não ter contra si essas classes poderosas durante a luta que ia ser travada no Adige. Os reveses dos exércitos da República na Alemanha faziam-no considerar muito próxima essa luta decisiva, mas teria sido soberanamente imprudente falar de outra coisa senão de *democracia pura* aos jovens patriotas que formavam seu exército.

O justo temor de serem restituídos à Áustria como compensação pela Bélgica, quando da conclusão da paz, arrefecia o entusiasmo dos milaneses. Por probidade política, o general Bonaparte procurou comprometer o mínimo possível esses povos, que podiam ser tão infelizes se a Áustria pudesse puni-los por seu amor aos franceses. Nisso, ele obedecia aos pontos de vista do Diretório, sensato por uma vez.

O objetivo real de toda essa aparência de organização política da alta Itália era apossar-se do amor-próprio dos povos e fazer a Lombardia recrutar algumas legiões a soldo que, em combinação com as guardas nacionais das repúblicas do Pó, mantivessem a ordem no interior do país conquistado, e por esse meio uma parte das guarnições francesas ficaria disponível.

O resto da Itália adquiria um aspecto pouco tranqüilizador para o exército; as negociações com Nápoles se arrastavam; a política do Piemonte parecia incerta. Era milagroso que o rei Vítor Amadeu não percebesse que sua posição era exatamente a mesma de seu antepassado Carlos II, em 1705, quando este se declarou contra os exércitos de Luís XIV, que estavam à margem do Adige, provocando assim sua ruína.

O papa, que se recobrara de seu terror inicial, já não pensava na paz; o Senado de Gênova, cansado das requisições feitas para a subsistência das tropas francesas, fomentava as rebeliões que se produziam nos feudos imperiais, encravados em seu território.

Quanto a Veneza, o ódio que tinha pela República francesa era extremo; ela tinha meios de prejudicar infinitamente o exército, mas a inteligência e a coragem lhe faltavam em quase igual medida; felizmente para a França, os Morosini, os

Dandolo e os Alviani não existiam mais lá. Seus fracos sucessores nem sequer perceberam que tinham nas mãos o destino desse exército, que lhes dava tanto medo.

Ali como em outras partes, a velha Europa nada tinha a opor à República, além da fineza e das traições; a força de querer não existia mais fora da França; as únicas exceções que vemos a isso são Pitt e Nelson. Talvez seja por isso que a Inglaterra, tão pouco interessada nos conflitos entre as velhas monarquias do continente e a República, acabou se encontrando à frente da coligação, pois não posso crer que, em 1796, a aristocracia inglesa tivesse algo a temer da parte dos radicais.

Como quer que seja, a Inglaterra ainda hoje paga por esse prazer orgulhoso que sua aristocracia se deu há quarenta anos; existe uma dívida enorme cujos juros devem ser pagos.

A França, que tinha então vinte e cinco milhões de habitantes, conta hoje (1837) com trinta e três milhões; o povo tornou-se proprietário, adquiriu bem-estar, moralidade e lazer; enquanto dez milhões de ingleses em quinze são obrigados a trabalhar catorze horas por dia, sob pena de morrer de fome na rua. Assim, a Inglaterra é hoje o único país da Europa que se ressente dos males causados pela guerra da Revolução, e a França cresce e se eleva, apesar da incerteza sobre o governo, que sentirá em 1847.

Para tornar tolerável a situação dos não-proprietários, a aristocracia inglesa se vê obrigada a abrir mão de seus privilégios; ela tem de conceder mais liberdade, e isso sob pena de revolta iminente. Aí está, parece-me, uma terrível resposta a Pitt; provavelmente, um futuro próximo reserve uma semelhante a Metternich.

Em outubro de 1796, Napoleão procurava principalmente prolongar o sono de Veneza. Ele tinha por rival nessa empresa o procurador Pesaro, que, à força de instâncias e de engolir mil humilhações, determinou a um Senado imbecil que ordenasse o recrutamento de milícias eslavônias e o armamento de uma frota para a defesa das lagunas.

A conduta da Cúria romana tornava-se intolerável, e Bonaparte dispunha-se a marchar sobre essa cidade, quando os movimentos dos exércitos austríacos forçaram-no a ocupar-se unicamente do que ia acontecer no Adige.

O Diretório, sempre se recusando a compreender sua verdadeira posição na Itália, apresentara ao papa um projeto de tratado em sessenta e quatro artigos, tal como poderia impor se seu exército estivesse acampado no Janículo.

Essa insolência teve um efeito infeliz para o exército; a Cúria de Roma considerou o armistício nulo, e o dinheiro destinado a pagar a contribuição de guerra foi retido. As novenas, as preces das quarenta horas, as procissões, tudo foi usado para inflamar o ódio de uma multidão ignorante e apaixonada, que, mais tarde, deu excelentes soldados à França. O condestável Colonna recrutou um regimento de infantaria; o príncipe Giustiniani ofereceu um de cavalaria; foi possível, assim, organizar oito mil homens. Veremos mais tarde a sorte burlesca desse exército.

A posição do exército da República foi um pouco melhorada pelo tratado de paz com Nápoles, firmado em 10 de outubro. Napoleão convenceu Carnot da necessidade dessa paz, com a qual os outros quatro membros do Diretório só concordaram a contragosto. La Réveillère-Lepeaux tinha uma alma nobre e reta; Reubell não carecia de talentos administrativos, mas podemos dizer que o Diretório nunca compreendeu nada dos assuntos da Itália.

O velho rei da Sardenha faleceu; o novo rei, Carlos Emanuel, respondeu às propostas de aliança pedindo que lhe cedessem a Lombardia. O Diretório devia prometer pelo menos uma parte dessa província e autorizar Napoleão a distribuir quatro milhões entre os cortesãos do novo rei. Mas tratou de não o fazer; os diretores pareciam preparar a seu belprazer o grande acontecimento que esteve a ponto de se produzir em Arcole. Eles se obstinavam em não ver que o exército da Itália corria sério risco, sem base de operações e mesmo sem linha de retirada, se o Piemonte viesse a mudar de política.

No momento de seus maiores embaraços no Adige, Napoleão enviou um ajudante-de-ordens ao doge de Gênova, com uma série de queixas de que pedia reparação, ameaçando, em caso de recusa, marchar sobre a cidade. Não houve ninguém na aristocracia genovesa para rir na cara do ajudante-de-ordens, e, no dia 9 de outubro, Gênova assinou um tratado pelo qual se punha à disposição da República francesa e obrigava-se a pagar quatro milhões.

Os camponeses dos feudos imperiais eram menos estiolados que essa aristocracia; encontraram coragem para pôr a serviço de seu ódio e houve um segundo levante, que foi dispersado por uma coluna móvel.

Os corsos, descontentes com os ingleses, que haviam chamado à sua ilha, dispararam tiros contra estes, e o general inglês ocupou Portoferraio. Napoleão tratou com muita habilidade a expedição do general Gentili, que, apesar das cruzadas inimigas, conseguiu desembarcar na Córsega com alguns soldados, em 19 de outubro de 1796. Em poucos dias, Gentili expulsou os ingleses e os emigrados franceses.

Foram essas as ocupações políticas de Napoleão desde o combate de San Giorgio, em 15 de setembro de 1796, até o ataque infrutífero de Caldiero, em 12 de novembro seguinte. Não foi em absoluto secundado pelo Diretório, que talvez, no fundo, desejasse vê-lo derrotado. Pode-se imaginar que sua correspondência com esse governo inábil e malevolente não era nenhum modelo de franqueza.

CAPÍTULO XIV

Napoleão não queria chocar o Diretório com detalhes. Roubavam escandalosamente em seu exército, seja das requisições em espécie impostas ao país, seja das contribuições em dinheiro. Os homens que tinham a direção de todos esses negócios lhe eram impostos pelo Diretório e se apresentavam como parentes ou protegidos dos diretores. O general Bonaparte, que muitas vezes era obrigado a não seguir as ordens absurdas que recebia de Paris acerca de assuntos da mais alta importância, não quis se indispor com os diretores por pequenezas. De fato, o que importava ao exército que determinado primo de Barras roubasse duzentos ou trezentos mil francos? O essencial era que lhe mandassem um reforço de dois ou três mil homens.

É impossível que Napoleão não tenha concebido, desde essa época, a idéia, realizada mais tarde, de estabelecer um tesoureiro-geral, em cujo caixa seriam depositadas todas as contribuições. Nada sairia desse caixa sem a assinatura de um magistrado nomeado *ordenador-chefe* ou *intendente-geral*. Pelos relatórios do general-em-chefe ao Diretório, podemos ver que ele encontrara para essa função importante um homem de talento e de uma probidade irrepreensível: o ordenador Boinod. Portanto, nada era mais simples do que organizar essa administração, mas:

1º) O general criaria uma multidão de inimigos.

2º) Em Paris, a miséria e as dificuldades financeiras do Diretório eram inimagináveis. O tesouro nacional recebia em tributo apenas *assignats,* que valiam, em numerário, a centésima qüinquagésima parte de seu valor nominal. O Diretório era obrigado a passar do regime dos *assignats* ao da moeda metálica. Nenhum dos diretores era bastante versado em economia política para confiar-se à força das coisas e compreender que uma grande nação, necessitando sempre de moeda para suas transações cotidianas, dará necessariamente crédito, por todo o tempo desejável, a esse adiantamento pelo governo.

O Diretório acreditava ter a mais urgente necessidade do crédito dos homens de negócios que o cercavam; estava persuadido de que, sem eles, a França estava perdida.

Barras protegia a maioria desses agentes de negócios, que chegavam à Itália com incumbências do Diretório. Napoleão devia a esse diretor o posto de general-em-chefe; estivera nominalmente sob suas ordens na época do 13 de vendemiário, e foi então que sua boa fortuna começou.

Na divisão interna do trabalho entre os membros do Diretório, Barras era encarregado do pessoal dos exércitos, como Carnot de sua movimentação e da parte dos planos de campanha.

Mas os funcionários velhacos, protegidos pelo Diretório, não constituíam o único estorvo do general-em-chefe. O exército da Itália era, então, atrapalhado por comissários do governo, em perpétua rivalidade com o general-em-chefe. Esses comissários haviam sido representantes do povo e ainda se lembravam do grande papel que tinham representado nos exércitos, na época do governo revolucionário. Então, por simples decreto, eles destituíam um general do comando e o mandavam diante do tribunal revolucionário, que não deixava de cortar-lhe a cabeça.

Parece que os comissários do governo junto ao exército da Itália decidiam a localização das tropas. Sob as ordens deles, por exemplo, uma meia-brigada era empregada no exército ativo ou ficava aquartelada em alguma praça da Ligúria. Parece que esses comissários tinham um vasto poder sobre as somas provenientes das contribuições impostas pelo exército aos pequenos príncipes da Itália. A correspondência de Napoleão mostra que eles se permitiam baixar resoluções para requisitar generais-de-divisão do exército da Itália. É verdade que Bonaparte proibia que seus generais obedecessem a essas resoluções.

O nome desses comissários era Garrau e Salicetti; o segundo foi um homem de rara sagacidade, tendo sido mais tarde primeiro-ministro e ministro da polícia de um dos reis franceses, em Nápoles! Morreu envenenado por um de seus subordinados. Em outra ocasião, haviam explodido seu palácio.

Não podia convir à política de Napoleão entregar-se aos ímpetos de cólera que lhe causavam as velhacarias dos funcionários e fornecedores protegidos pelo Diretório e a desordem quase completa das finanças de seu exército. Ousava menos ainda queixar-se dos feitos dos comissários do governo Garrau e Salicetti.

O Diretório enviou-lhe um general encarregado de observar sua conduta em segredo e mandar correspondência a esse respeito. Napoleão podia facilmente fazer o general Clarke, encarregado dessa missão singular, correr graves perigos. Esse procedimento teria sido totalmente conforme aos antigos costumes italianos; mas Napoleão, que sentia esses impulsos no fundo do coração, sabia corrigi-los pelo império da razão; preferiu ganhar o general Clarke, que, mais tarde, tornou-se um dos instrumentos de seu governo e do de Luís XVIII.

Por volta do fim da campanha de 1797, o Diretório viu-se tendo de tratar de igual para igual com Napoleão e despachou-lhe, para tanto, Bottot, favorito de Barras.

Os diretores, é verdade, não eram mais que uns pequeno-burgueses, unidos por todo tipo de paixões. Bonaparte é um grande homem; mas não se deve esquecer que ele acabou derrubando o Diretório e a própria República e que os diretores nem de longe usaram para com ele de toda a severidade que lhes impunham seus deveres.

Provavelmente, o leitor pensa que é às coisas que Napoleão fez depois da primeira campanha da Áustria, em 1805, que se devem atribuir todos os males que a França sofreu com as *restaurações*.

Mas Napoleão não previa a Restauração; seu temor sempre foram os jacobinos. Sua educação, que permaneceu extremamente imperfeita, não lhe permitia ver as conseqüências históricas das coisas. Em vez de colocá-las friamente, ele tinha a sensação dos perigos que ele, pessoalmente, poderia correr e, então, sua grande alma lhe respondia com o mote: *Então como então*.

Podemos dizer que, ao adotar as medidas que mais contribuíram para possibilitar o retorno dos Bourbons, Napoleão agiu puramente por instinto militar, para curar-se do medo que os jacobinos lhe inspiravam.

Mais tarde, agiu por vaidade pueril, para se mostrar digno da nobre corporação dos reis, na qual acabava de ingressar. E, enfim, foi para não se expor à crítica de ser um rei fraco e cruel, que caiu no ato de clemência excessiva, que foi a causa imediata de sua queda.

Eis o que todo o mundo via na Itália, no início de novembro de 1796. Para resistir a sessenta mil homens, Napoleão só dispunha de trinta e seis mil, cansados pela vitória em nove batalhas e com as marchas enormes; além disso, todos os dias um grande número deles contraía febre nos arredores de Mântua, tão malsãos no fim do outono, mas que era necessário ocupar. Bonaparte escrevia ao Diretório expondo sua posição; dizia-lhe com tristeza que a República ia perder a Itália.

CAPÍTULO XV

Durante esses dois meses, de 15 de setembro a 15 de novembro de 1796, as principais forças do exército francês permaneceram em observação às margens do Brenta e do Adige. A parte desse exército que bloqueava Mântua foi atacada por febres epidêmicas que entulharam os hospitais e diminuíram consideravelmente o número de combatentes; chegou a haver quinze mil doentes; a própria saúde do general-em-chefe era causa de grandes inquietações. Esse exército, sob qualquer outro comando, logo estaria além de Alessandria, talvez no Var.

Os reforços chegavam com extrema lentidão. O barão Thugut, ao contrário, desenvolvia uma atividade admirável; ainda queria de todo modo tentar libertar Mântua. O marechal Alvinzi foi designado comandante-em-chefe do exército austríaco na Itália, tendo como lugares-tenentes Quasdanowich e Davidowich.

O leitor talvez se lembre de que, depois da derrota de Bassano, Quasdanowich, não podendo atravessar o Brenta seguindo seu general-em-chefe Wurmser, recuara para Gorizia; seu corpo de tropas foi aumentado para cerca de vinte e cinco mil homens. O do general Davidowich elevou-se de novo a quase vinte mil.

É de admirar a firmeza e constância do conselho áulico ou do ministro Thugut (não sei qual dos dois). O que não teria feito Napoleão, se estivesse secundado por um governo assim! Mas sua glória teria sido menor e o povo francês não teria como se orgulhar eternamente por ter produzido o homem que ousou não bater em retirada na véspera de Arcole.

O general-em-chefe Alvinzi uniu-se ao exército de Quasdanowich e retomou a ofensiva, dirigindo-se, por Bassano, a Verona, onde esperava efetuar a junção com Davidowich, que recebeu a ordem de descer o Adige.

Se Napoleão avançasse ao encontro de Alvinzi e se afastasse de Verona, dava a Davidowich a possibilidade de bater Vaubois, reunir-se a Wurmser sob Mântua e, assim, estabelecer em sua retaguarda um exército superior em número ao que Bonaparte teria podido reunir.

Se, ao contrário, ele se determinasse a levar o grosso de suas forças contra Rovereto, abriria ao general Alvinzi o caminho de Mântua, o que, em sentido inverso, teria levado ao mesmo resultado.

Se o exército francês se concentrasse inteiro sob Verona, Alvinzi e Davidowich poderiam reunir-se pelo vale do Brenta. Entretanto, para que os franceses não fossem aniquilados, era preciso impedir a junção desses dois generais, tanto quanto a reunião de um deles a Wurmser.

O problema parecia insolúvel.

Vaubois era demasiado inferior em número para poder defender a cidade de Trento; Napoleão mandou que tomasse a ofensiva, para tentar intimidar Davidowich. No dia 2 de novembro, Vaubois conseguiu algumas vantagens em San Michele, no vale do Adige, mas foi obrigado a bater em retirada no dia seguinte e rumou para Calliano. No dia 4, Davidowich entrou em Trento; no mesmo dia, o exército de Alvinzi chegou a Bassano. Ante a aproximação do inimigo, Masséna bateu em retirada por Vicenza e estabeleceu-se em Montebello.

A comunicação entre as duas partes do exército austríaco parecia garantida; mas, por felicidade, os generais inimigos continuaram a agir separadamente. Davidowich marchou sobre Calliano e Alvinzi sobre Verona. Napoleão tentou derrotar Alvinzi. Se conseguisse, contava subir o Brenta, para vir assaltar a retaguarda de Davidowich.

Avançou rumo ao Brenta com Augereau e Masséna; o inimigo já estava aquém desse rio.

No dia 6 de novembro, Masséna atacou em Carmignano a esquerda de Alvinzi, comandada por Provera; Augereau atacou a direita em Lenove, mas só tiveram êxito parcial. Provera atravessou de volta o Brenta e a ala direita austríaca aproximou-se de Bassano. Napoleão soube que Vaubois estava vivamente pressionado no vale do Adige; então, sentiu a ausência dos reforços prometidos pelo Diretório. Se dez mil homens, daqueles que descansavam atrás de Estrasburgo, estivessem com Vaubois, nada estaria comprometido.

Naquele estado de coisas, foi necessário renunciar a todos os grandes projetos. Desde 7 de novembro, para grande surpresa da gente da região, Napoleão bateu em retirada e retomou o caminho de Verona. Alvinzi seguiu-o e chegou dia 11 em Villanova. Vaubois se retirava, sustentando porém rudes combates e, enfim, dia 8 de manhã, estava na Corona.

Napoleão correu a toda pressa até essa divisão; repreendeu a 39ª e a 85ª meias-brigadas, que haviam fraquejado em Calliano.

Entretanto, o exército começava a ser pressionado demasiado de perto; era preciso atacar, sob pena de se ver cercado.

Alvinzi estava estabelecido nos altos de Caldiero, a três léguas de Verona. São os últimos contrafortes dos Alpes; descem gradualmente até o Adige, e a estrada de Verona a Vicenza é construída na sua base. Esses altos, de encostas bastante íngremes e cobertas de vinhas, flanqueados de um lado pelo Adige, do outro pelas altas montanhas a que se ligam, formam uma das posições militares mais notáveis. Alvinzi as ocupara com muito talento. No dia 12, Napoleão atacou-o com as divisões Masséna e Augereau; pela primeira vez na vida, foi rechaçado.

Voltando a Verona, viu-se numa posição desesperadora; estava fraco em todas as posições, e seu exército, acreditando-se abandonado pela pátria-mãe, perdia o ânimo. Qualquer outro general em seu lugar teria pensado unicamente em atravessar de volta o Míncio, e a Itália estaria perdida. Os franceses só conseguiam derrotar o inimigo, encontrando-se, muitas vezes, em um contra três, porque se acreditavam invencíveis.

O gênio de Napoleão levou-o a encontrar uma solução singular, que o expunha a um grande perigo; mas, enfim, era a única que ainda lhe dava alguma possibilidade de sucesso. Ele resolveu interceptar Alvinzi.

Apresentando-se diante de Verona pela estrada de Caldiero, Alvinzi tinha à sua direita montanhas impraticáveis; à sua esquerda, o Adige; em frente, uma praça cujo recinto estava ao abrigo de um ataque-surpresa. O terreno que ele ocupava, fechado, assim, de três lados, não lhe proporcionava outra saída, do lado de Vicenza, a não ser o desfiladeiro de Villanova.

Atravessando o Adige em Ronco, Napoleão ameaçava essa saída e forçava o inimigo a combater voltado para a retaguarda, a fim de abrir uma passagem; enfim, o exército francês ficaria situado num terreno pantanoso, em que só se podia combater em três diques: um que, a partir de Ronco, sobe o Adige, ao longo de sua margem esquerda; o segundo, que desce esse rio; e o terceiro que, de Ronco, leva à aldeia de Arcole.

Nesses diques, Napoleão podia pôr-se à vontade na defensiva; a questão do número de combatentes ficava descartada, e ele tirava partido da superioridade individual do soldado francês sobre o pesado soldado alemão.

Essa batalha teve três jornadas: dias 15, 16 e 17 de novembro, e a vitória só foi conquistada no fim da terceira. Napoleão não se preocupava apenas com o exército de Alvinzi, que tinha diante de si; cada noite, precisava atravessar a margem esquerda do Adige e pensar em tomar precauções contra Davidowich, que podia atacar Mântua. Não se tratava somente de toda a Itália, para os franceses: quando se pensa que se trata também da civilização da Itália, aviltada desde 1530 sob o cetro de chumbo da casa da Áustria, a dificuldade vencida se revela tamanha, o interesse dramático tão grande, que o leitor me permitirá, espero, descer aos mais minuciosos detalhes.

Napoleão retirara do bloqueio de Mântua o general Kilmaine, com dois mil homens; confiou a esse destacamento a defesa de Verona; necessitava ali de um homem seguro; o menor erro teria permitido a Alvinzi dar a mão a Davidowich.

Por outro lado, bastava a Davidowich um pouco de audácia para que pudesse com seus dezenove mil homens repelir Vaubois e precipitar-se sobre Mântua, ou atacar e tomar Verona. Assim, o resultado de tudo o que ia ser tentado dependia de um ataque de Davidowich.

No dia 14 de novembro à noite, Napoleão partiu de Verona com as divisões Masséna e Augereau e a reserva de cavalaria, o que formava um todo de cerca de vinte mil homens. Desceu o Adige e chegou à aldeia de Ronco, onde lançou uma ponte sobre o rio. Depois da ponte, encontrou pântanos intransponíveis e, além do Alpone, riacho que vem dos Alpes, corre de norte a sul e passa por Villanova, a única ponte pela qual Alvinzi podia retirar-se, em caso de revés. Masséna foi pelo dique esquerdo que sobe o Adige até Porcile; Augereau tomou o do centro, que leva à ponte de Arcole, sobre o Alpone. Era por essa ponte que devia passar, o que não conseguiu. Uma brigada de croatas, destacada como flanqueadores, na extrema esquerda de Alvinzi, defendeu-a muito bem. Augereau foi rechaçado. A surpresa com que se contava não pôde acontecer; Alvinzi, inquieto com sua retaguarda, mandou Provera, com seis batalhões, ao encontro de Masséna em Porcile e, por sua vez, abandonou os altos de Caldiero e, com o grosso de seu exército, recuou para San Bonifacio.

Se o general francês não podia chegar a Villanova pela margem esquerda do Alpone, podia, porém, levar seu exército a Porcile e agir diretamente sobre a linha de retirada de Alvinzi; mas tinha de apoderar-se da aldeia de Arcole, para garantir sua direita e não ser encerrado naqueles pântanos.

Faz novos esforços para tomar a ponte de Arcole; a maioria dos generais franceses é ferida, ao tentar animar seus soldados. O próprio Napoleão lança-se à frente dos granadeiros; estes, crivados pela metralha, recuam; Napoleão cai no pântano; fica um instante em poder do inimigo, que não percebe a presa que podia fazer; os granadeiros voltam para buscar seu general e o levam; é decididamente impossível, para eles, tomar a ponte de Arcole.

Entretanto, ao entardecer, os austríacos abandonam a aldeia, ante a aproximação de uma brigada francesa que, depois de atravessar o Adige no remanso de Albaredo, avançava subindo a margem esquerda do Alpone. Mas já era tarde demais; já não era possível surpreender Alvinzi e atacar com vantagem sua retaguarda. Napoleão não quis aventurar-se a passar a noite com tropas amontoadas nos pântanos, em presença do exército inimigo, posicionado entre San Bonifacio e Santo Stefano; de resto, Vaubois podia ser atacado e, então, seria necessário empreender uma marcha noturna forçada e chegar prontamente ao Mincio, para impedir a junção de Davidowich com Wurmser.

Todo o exército francês, então, tornou a atravessar para a margem direita do Adige, no dia 15 de novembro à noite. Napoleão deixou na margem esquerda apenas as tropas necessárias para a guarda da ponte. Assim foi a primeira jornada de Arcole. Como se vê, não era favorável aos franceses.

Certo de que Vaubois não havia sido atacado no dia 15 por Davidowich, na manhã do dia 16 Napoleão fez seu exército atravessar de novo para a margem esquerda do Adige; os austríacos haviam ocupado Porcile, Arcole e Albaredo; avançaram em direção à ponte dos franceses, que os rechaçaram. Masséna entrou em Porcile; depois, desviando uma das suas brigadas para o centro, interceptou no dique uma coluna de mil e quinhentos homens, que foram feitos prisioneiros. Augereau marchou de novo sobre Arcole, mas as cenas da véspera reproduziram-se; os franceses sofreram perdas e não puderam tomar a ponte. Caiu a noite e, pelos mesmos motivos do dia precedente, Napoleão fez seu exército atravessar de novo o Adige. Como se vê, estávamos longe de ganhar a batalha.

Davidowich havia atacado a Corona no dia 16 e apoderara-se de Rivoli; Vaubois se retirara em boa ordem para Castelnuovo. No dia 17, ao raiar do dia, os franceses retomaram o caminho da sua ponte.

No momento em que a travessia estava para se efetuar, um dos batéis que formavam a ponte afundou. Esse acidente poderia ter deitado tudo a perder; por felicidade, o batel foi prontamente reparado; o exército atravessou o Adige e rechaçou de novo os austríacos até Porcile e Arcole; mas a fatal ponte de Arcole sobre o Alpone foi atacada, nesse terceiro dia, apenas por uma meia-brigada; era necessário encorajar o inimigo a vir em direção aos franceses nos diques. Masséna em pessoa conduziu outra meia-brigada sobre Porcile. O resto da divisão manteve-se na reserva, perto da ponte.

A divisão Augereau foi construir uma ponte sobre o Alpone, perto da embocadura desse riacho no Adige; ela devia agir em seguida contra a esquerda dos austríacos e, assim, tomar Arcole pela retaguarda.

Os austríacos tinham se reforçado em Arcole; o general Robert, que conduzia a meia-brigada francesa, foi morto e sua tropa vigorosamente repelida até perto da ponte do Adige. Mas o inimigo a seguiu com imprudência: era o que mais desejava o general francês. Essa extensa coluna, orgulhosa com seu primeiro sucesso, veio dar com o grosso da divisão Masséna; uma meia-brigada, emboscada nos caniços, atacou oportunamente seu flanco e matou ou capturou três mil de seus homens; o resto fugiu em desordem na direção da ponte de Arcole. Chegara o momento decisivo.

A divisão Augereau, depois de atravessar o Alpone, encontrava-se, enfim, diante da ala esquerda dos austríacos, que apoiava a esquerda num pântano. Napoleão ordenara ao oficial no comando da guarnição de Legnago que contornasse esse obstáculo e atacasse a retaguarda da ala austríaca. Como o canhão dessas tropas ainda não se fazia ouvir, Napoleão mandou um oficial inteligente esgueirar-se entre os caniços e alcançar a ponta da ala austríaca com uns vinte cavaleiros e alguns corneteiros.

Essa pequena tropa mostrou-se de repente e carregou; a infantaria austríaca perdeu enfim a pose que até então conservara. Augereau aproveitou para atacar a fundo. Nesse momento, os oitocentos homens de Legnago chegaram finalmente à retaguarda dessa ala esquerda austríaca, que precipitou sua retirada para San Bonifacio. Conquistado esse ponto, a divisão Masséna atravessou a ponte fatal, ora abandonada, e desembocou por Arcole e San Gregorio. Alvinzi não se atreveu a correr os riscos de uma segunda batalha, com um exército que já não contava com mais de quinze mil homens em armas; enfim, no dia 18, retirou-se para Montebello e, com isso, confessou-se vencido. Os franceses tinham perdido quase tanta gente quanto ele; mas haviam conseguido expulsá-lo de Caldiero e tinham a possibilidade de voltar-se contra Davidowich.

Esse general que, durante oito dias, perdera seu tempo diante das trincheiras da Corona, enfim atacara Vaubois no dia 16; no dia 17, o general francês recuou para trás do Mincio, que atravessou em Peschiera; no dia 18, Davidowich avançou até Castelnuovo.

Napoleão tinha tão pouca gente que só pudera mandar sua reserva de cavalaria seguir Alvinzi; o resto do exército rumou de Villanova para Verona, onde nossos soldados entraram triunfantes pela porta de Veneza, três dias depois de terem saído misteriosamente pela de Milão.

Augereau foi de Verona, pelas montanhas, a Dolde, a fim de cortar a retirada de Davidowich, ameaçado de frente por Vaubois e Masséna. O general austríaco que, durante três dias, tivera em suas mãos a sorte do exército francês, só escapou de uma ruína completa apressando-se a chegar a Rovereto; sua retaguarda foi fortemente atingida.

Vendo que só era seguido pela cavalaria, Alvinzi retornou a Villanova; mas Napoleão já se livrara de Davidowich e se preparava para desembocar de novo, por Verona, na margem esquerda do Adige. Isolado, Alvinzi não ousou sustentar a campanha e recuou para trás do Brenta. Se tivesse sido pertinaz, teria de novo dado combate a Napoleão, embaraçando-o muito.

Por uma prudência excessiva ou, antes, por uma falta de coragem moral, enquanto os grandes golpes eram desferidos à margem do Adige e enquanto a superioridade dependia de tão pouco, Wurmser, tão corajoso pessoalmente, ficara sossegado em Mântua. Alvinzi, ao começar suas operações, calculara que só poderia chegar a essa praça no dia 23 e instara Wurmser a sair apenas então; mas Kilmaine, nesse dia, já voltara à sua posição e o corpo de bloqueio teve, assim, a facilidade de rechaçar os sitiados.

Enquanto esses acontecimentos se produziam na Itália, Beurnonville permaneceu ocioso por dois meses (novembro e dezembro), com oitenta mil homens, não tendo diante de si mais que vinte e cinco mil austríacos. Que general e que governo!

CAPÍTULO XVI

No fim da sua carreira, Napoleão comprazeu-se em esboçar o caráter de seus generais do exército da Itália. Vamos reproduzir esses retratos, acrescentando alguns traços.

Trata-se de Berthier, Masséna, Augereau, Serrurier e Joubert. Três generais, de talento comparável ao de Masséna, ainda não haviam chegado ao comando-em-chefe de uma divisão: trata-se de Lannes, Duphot e Murat. Davoust, de quem zombavam então, porque seu caráter tinha qualidades que ordinariamente faltam aos franceses, a saber, o sangue-frio, a prudência e a pertinácia, e Lasalle ainda serviam em patentes inferiores. Kilmaine teria sido um dos principais generais-de-divisão do exército, mas estava sempre doente.

Todos esses generais eram igualmente corajosos; só que a coragem de cada um adquiria a cor de seu caráter. Todavia, no decorrer das manobras que vamos contar, um general foi destituído por covardia e outro teria merecido sê-lo por causa da sua leviandade.

Que não teria feito Napoleão se tivesse, nessa época, às suas ordens os generais Gouvion Saint-Cyr, Desaix, Kléber e Ney e como chefe de estado-maior, em vez de Berthier, o general Soult.

Berthier tinha cerca de quarenta e dois anos; seu pai, engenheiro-geógrafo dos reis Luís XV e Luís XVI, era encarregado de elaborar os planos de suas caçadas. Ainda jovem, Berthier fez a guerra da América como tenente; foi coronel na época da Revolução, por um favor especial do rei. Comandou a guarda nacional de Versalhes, onde se mostrou contrário ao partido jacobino. Foi ferido na Vendée, onde era chefe de estado-maior dos exércitos revolucionários. Depois de 9 de termidor, foi chefe de estado-maior de Kellermann, no exército dos Alpes, e, havendo seguido esse general no exército da Itália, teve o mérito de conquistar para este a linha de Borghetto, que deteve o inimigo. Talvez tenha sido a única idéia militar que alguma vez ocorreu a Berthier. Quando Napoleão veio como general-em-chefe para o exército da Itália, Berthier pediu o posto de chefe do estado-maior geral, que desde então sempre ocupou. Veremos mais tarde o quanto ele contribuiu para deteriorar o exército por volta de 1805 e para substituir, no coração dos oficiais, o entusiasmo da glória pelo egoísmo.

Em 1796, era muito ativo, traço que perdeu depois; seguia seu general em todos os reconhecimentos e em todos os percursos que ele fazia, sem que isso em nada prejudicasse seu trabalho burocrático. Depois de passar o dia na caleche do seu general, discutindo todos os movimentos que se podia fazer o exército executar — e sem nunca se arriscar a dar um conselho, a não ser após ter sido formalmente convidado a fazê-lo —, lembrava com exatidão o que fora decidido pelo general-em-chefe e, chegando ao aquartelamento, dava as ordens convenientes. Sabia apresentar com grande clareza os movimentos mais complicados de um exército. Lia bem a natureza de um terreno num mapa; resumia rapidamente e com grande clareza os resultados de um reconhecimento e desenhava, se necessário, as posições de maneira bastante nítida. Seu caráter indeciso e desprovido de entusiasmo talvez tenha sido, junto com sua perfeita polidez e sua inferioridade de talento, o que lhe valeu o favor de seu general.

Houve uma época em que a inveja que animava a gente do antigo regime, sem saber o que objetar às surpreendentes vitórias do general Bonaparte, resolveu divulgar que Berthier era seu mentor e lhe fornecia seus planos de campanha. Berthier teve muito medo desses rumores e fez tudo o que pôde para que cessassem. Bonaparte foi sensível a essa atitude. Em resumo, Berthier era um homem do antigo regime, agradável e polido nas circunstâncias ordinárias da vida, mas apagado nas grandes. Teremos freqüentes oportunidades de falar mal dele.

Masséna era outro homem; era um filho da natureza. Não sabia nada, nem sequer ortografia; mas tinha espírito forte e era inacessível ao desalento. O infortúnio parecia redobrar a atividade dessa alma enérgica, em vez de apagá-la. Nascido paupérrimo, tinha a infelicidade de gostar de roubar, e em Roma seu exército foi obrigado a expulsá-lo; mas seu valor e seu gênio eram tais que, apesar desse horrível defeito, de que eram vítimas, seus soldados não podiam deixar de amá-lo. Sempre tinha alguma amante consigo — em geral, era a mais bonita do lugar em que comandava — e sempre procurava encontrar um meio para que o ajudante-de-ordens que agradasse à sua amante encontrasse a morte. Era de espírito encantador quando estava à vontade. Mas tinha-se de perdoar-lhe suas más construções de frases. O busto posto em seu túmulo no cemitério do Père-Lachaise, em Paris, é bem parecido com ele.

A propósito, era um *niçard* (de Nice), mais italiano que francês; nunca tivera tempo de se dar a menor educação. Nascido em Nice, entrou bem jovem a serviço da França, no regimento real italiano; foi rapidamente promovido e tornou-se general-de-divisão. Sua audácia, seu amor pelas mulheres, sua absoluta falta de soberba, sua familiaridade enérgica com os soldados, eram feitas para agradar a estes; Masséna tinha muito do caráter que a história atribui a Henrique IV. No exército da Itália, serviu sob o comando dos generais-em-chefe Dugommier, Dumerbion, Kellermann e Schérer. Era de compleição robusta, incansável, dia e noite a cavalo no meio dos rochedos e nas montanhas; era o gênero de guerra de que entendia em especial. Em 1799, salvou a República, derrotada em toda parte, ao vencer a batalha de Zurique. Não fosse Masséna, o terrível Suvorov teria entrado no Franco-Condado, no momento em que os franceses estavam cansados do Diretório e, talvez, da liberdade.

Masséna, diz Napoleão, era decidido, bravo, intrépido, cheio de ambição e de amor-próprio; seu caráter distintivo era a pertinácia; nunca perdia o ânimo; desprezava a disciplina e cuidava pouco da administração; fazia muito mal os preparativos de um ataque; sua conversa parecia seca e desinteressante, quando se encontrava com pessoas de quem desconfiava; mas, ao primeiro tiro de canhão, no meio dos projéteis e dos perigos, seu pensamento adquiria força e clareza. Sempre se achou, no exército, que Napoleão tinha um pouco de ciúme dele, e eu sempre suspeitei disso.

Augereau, nascido no *faubourg* Saint-Marceau (em Paris), era sargento no momento da Revolução. Foi escolhido para ir a Nápoles ensinar o ofício aos soldados de lá, quando a Revolução estourou; Périgord, embaixador da França em Nápoles, mandou chamá-lo, deu-lhe dez luíses e lhe disse: "Volte para a França, lá vai fazer fortuna". Serviu na Vendée e foi promovido a general no exército dos Pirineus orientais. Na paz com a Espanha, levou sua divisão ao exército da Itália. Napoleão mandou-o a Paris para o 18 de frutidor; ele lá apareceu coberto de diamantes.

O Diretório, diz Napoleão, deu-lhe o comando-em-chefe do exército do Reno. Augereau era incapaz de se comportar bem; tinha um espírito um tanto estreito, pouca educação, nenhuma instrução; mas mantinha a ordem e a disciplina entre seus soldados; era amado por eles.

Seus ataques eram regulares e feitos com ordem; dividia bem suas colunas, posicionava convenientemente suas reservas, batia-se com intrepidez; mas isso tudo não durava mais que um dia; vencedor ou vencido, ao anoitecer estava quase sempre desanimado, seja porque isso decorresse da natureza de seu caráter, seja por causa do pouco cálculo e da escassa penetração de seu espírito.

Seguiu a facção de Babeuf. Suas opiniões, se é que teve opiniões, eram as dos anarquistas mais exagerados; foi nomeado deputado do corpo legislativo em 1798; meteu-se em intrigas e maquinações, fazendo com freqüência um papel ridículo.

Serrurier, nascido no departamento de Aisne, era major da infantaria no começo da Revolução; conservara todas as formas e a rigidez de um major; era severíssimo quanto à disciplina e passava por aristocrata, o que o fez correr muitos perigos no meio dos campos, sobretudo nos primeiros anos. Como general, não ousava tomar nenhuma iniciativa e não era feliz.

Ele venceu, diz Napoleão, a batalha de Mondovi e tomou Mântua; teve a honra de ver desfilar diante de si o marechal Wurmser. Era corajoso, intrépido; tinha menos elã que Masséna e Augereau; mas superava-os pela moralidade de seu caráter, a sabedoria de suas opiniões políticas e a segurança no trato pessoal. O caráter desse general tinha pouca afinidade com o dos jovens patriotas que comandava.

CAPÍTULO XVII

Ao voltar a Milão, depois das batalhas de Bassano e San Giorgio, Napoleão começou o que chamava de guerra aos ladrões. Esses cavaleiros da indústria, de que Paris sempre abunda, protegidos por Barras, que entre eles recrutara uma corte, haviam acorrido à Itália, ao ouvirem falar das riquezas desse belo país. Tinham conseguido facilmente introduzir-se nas administrações do exército. Os comissários do governo Garrau e Salicetti decidiam das contribuições impostas às regiões conquistadas. Decidiam, de certa forma, acerca do emprego das tropas. Controlavam fornecedores e empreiteiros, seja de víveres, seja de carretos; somente deles dependia o soldo do exército. Enfim, esses comissários haviam usurpado quase inteiramente as funções ordinariamente desempenhadas, num exército, pelo comissário-ordenador-em-chefe ou pelo intendente-geral.

Enquanto a simplicidade, a rudeza republicana e uma nobre pobreza reinavam nos exércitos de Sambre-et-Meuse e do Reno, certo luxo e o amor aos prazeres haviam se apossado dos oficiais e até mesmo dos simples soldados do exército da Itália. Nessa época, esses exércitos seriam muito bem representados, quanto à aparência, ou pelo sublime Desaix, que, muitas vezes, nem sequer tinha uniforme e deixava que lhe roubassem tudo, mesmo seu material, ou pelo general Augereau, que nunca aparecia sem as mãos e o peito cobertos de diamantes.

Os soldados da Itália, bem vestidos, bem alimentados, bem recebidos pelas belas italianas, viviam nos prazeres e na abundância. Os oficiais, os generais, participavam da opulência geral; alguns começavam sua fortuna.

Quanto aos fornecedores ou empreiteiros, ostentavam um fausto que impressionava ainda mais porque havia vários anos que ninguém mais tinha idéia de tal coisa. O que mais irritava os oficiais é que, com o preço de suas especulações, essa gente conquistava as boas graças das cantoras mais brilhantes.

Mais ou menos por essa época, Bonaparte, excitado com as conversas do exército, que lhe eram todas relatadas (nunca um general foi mais bem informado de tudo), pôs-se a examinar os negócios e demais contratos firmados pela República com os fornecedores.

No início da campanha da Itália, o Diretório carecia totalmente de crédito, o caixa estava vazio e a miséria do governo chegara a tal ponto que seria necessário um longo capítulo para tornar críveis ao leitor os detalhes singulares que lhe seriam apresentados. Por exemplo, no dia da sua instalação, o Diretório fora obrigado a tomar emprestados do zelador do Luxemburgo uma mesa, material para escrever e um bloco de papel. A continuação correspondeu a esse início.

Em janeiro de 1796, a República tivera a felicidade de encontrar especuladores ousados, que aceitaram fornecer-lhe ao preço que estipulavam.

A extrema incerteza do pagamento devia ser admitida como contrapartida dos lucros enormes que eles poderiam ter, se fossem pagos. Eis o que Napoleão, em seu ódio instintivo contra os fornecedores, nunca quis compreender. Havendo o crédito reaparecido depois das vitórias do exército da Itália, os preços pagos aos fornecedores pareciam excessivos; oficiais e soldados estavam escandalizados com os lucros enormes. Ninguém pensava na incerteza dos pagamentos na hora de assinar os contratos. Bonaparte indignou-se com tais lucros, e esse sentimento chegou, nele, às raias do excesso. Podemos dizer que era um de seus preconceitos, como o ódio a Voltaire, o medo dos jacobinos e o amor pelo *faubourg* Saint-Germain[1].

Por suas cartas ao Diretório, vê-se que ele nunca quis compreender que um fornecedor, às voltas com os gracejos de todos e, muitas vezes, com os roubos do governo, não forne-

---

[1] Isto é, pela nobreza, cujos palacetes situavam-se nesse bairro, então fora do recinto de Paris. (N. do T.)

cia pelo gosto de fornecer. Ele recrimina os fornecedores por abandonarem o exército nos dias de perigo. Recomenda ao Diretório que escolha homens de uma energia e de uma probidade comprovadas, sem pensar que homens assim não iriam se meter naquele vespeiro. Em sua cólera, o general-em-chefe chega a propor a instituição de um sindicato que, julgando como um júri, pudesse, por sua simples convicção, punir delitos que nunca são materialmente provados. Desde essa época, Napoleão dá mostras de ódio por todos os que, no exército, cuidam de dar pão aos soldados. Mais tarde, veremos esse sentimento pouco ponderado produzir os maiores desastres. A carta que segue ilustrará, melhor do que tudo o que poderíamos dizer, a maneira de agir do general-em-chefe em relação aos fornecedores. As coisas chegaram a tal ponto que os burgueses sensatos, que com o nome de diretores governavam a República, puderam acreditar — com base nos relatórios de seus protegidos e parentes que haviam empregado no exército da Itália — que o general-em-chefe queria se apossar dos fornecimentos para ganhar dinheiro. Esse crime era um dos que Napoleão mais abominava. Pode-se dizer que, em seu espírito, vinha imediatamente depois do crime de Pichegru: fazer os soldados serem derrotados de propósito. O general Bonaparte tivera a felicidade de encontrar um comissário da guerra que unia uma probidade republicana ao tão raro talento de fazer um grande exército viver (Boinod). Teria podido dar-lhe a função de ordenador-chefe e exigir do Diretório sua confirmação nesse posto; mas Napoleão era obrigado, por considerações do mais alto interesse, a poupar os velhacos e Barras, que os protegia.

CAPÍTULO XVIII

Eis o estado das coisas em dezembro de 1796. O interior da República estava bastante calmo; as facções tinham seus olhos fixados nos teatros da guerra, em Kehl e no Adige. O prestígio e a força do governo aumentavam ou diminuíam conforme as notícias recebidas dos exércitos. A última vitória, a de Arcole, impressionara a imaginação dos franceses pelo romanesco de seu relato, pela incrível firmeza de espírito do general e pelo perigo extremo que correu ao cair no pântano, perto da ponte de Arcole.

Todavia, esses milagres de gênio e bravura não haviam garantido a posse da Itália; sabia-se que Alvinzi se reforçava e que o papa se armava. Os malevolentes diziam que o exército da Itália estava esgotado; que seu general, esgotado pelos trabalhos de uma campanha sem igual e consumido por uma doença extraordinária, não podia mais manter-se a cavalo. Mântua ainda não fora tomada e cabia inquietar-se quanto ao mês de janeiro.

A liberdade de imprensa reinava então na França, o que significa que o povo francês era livre, tanto quanto a inexperiência geral lhe permitia ser. Os jornais das duas facções declamavam com arroubo. A Revolução só tinha oito anos de existência, os homens de trinta anos haviam sido formados pela monarquia incerta de Luís XVI e pela *Enciclopédia*, e os de cinqüenta pela monarquia corrupta de Madame Du Barry e de Richelieu.

Os jornais da contra-revolução, vendo aproximar-se a primavera, época das eleições, procuravam sacudir a opinião pública e dispô-la a seu favor. Os realistas, desde seus desastres na Vendée, tinham resolvido servir-se da própria liberdade para destruí-la; queriam apoderar-se das eleições.

O Diretório percebia o projeto deles e tinha medo, mas, como sentia igual medo dos patriotas que haviam governado e animado a França durante o Terror, mantinha o meio-termo. Vendo a fúria dos jornais, era presa da inquietação, lembrava-se das paixões que se haviam relevado na França durante o governo revolucionário. Nenhum dos membros do Diretório tinha gênio político suficiente para perceber que essas paixões que os apavoravam dormiam agora e que, para despertá-las, eram necessários fatos palpáveis e não inúteis raciocínios jornalísticos. Parece que, enquanto os homens nascidos sob o regime da censura forem deste mundo, será destino dos governos da França ter um medo exagerado da imprensa e atribuir um caráter ofensivo aos gracejos que lhes são feitos habilmente, dando-se ares de ofendidos.

O Diretório, apavorado, pediu aos dois conselhos leis sobre os abusos da imprensa. Ergueram-se vozes; afirmou-se que, com a aproximação das eleições, o Diretório queria obstruir a liberdade de imprensa; recusaram-lhe as leis que ele solicitava; só lhe foram concedidas duas disposições: uma relativa à repressão da calúnia privada, a outra aos vendedores de jornais que, nas ruas, em vez de anunciá-los por seu título, faziam-no com frases soltas, cuja energia brutal lembrava às vezes a do *Père Duchesne*[1] e metia medo no Diretório.

Por exemplo, vendia-se um panfleto gritando-se nas ruas: "Devolvam nossos miriagramas e dêem o fora, se não são capazes de fazer a felicidade do povo". (Convém recordar que a remuneração dos diretores era indicada filosoficamente pelo valor de certo número de medidas de trigo, ou miriagramas.)

O Diretório queria o estabelecimento de um jornal oficial. Os Quinhentos concordaram, os Antigos se opuseram.

A célebre lei de 3 de brumário, posta uma segunda vez em discussão no mês de vendemiário, fora mantida após uma discussão tormentosa. A direita queria revogar uma disposição que excluía das funções públicas os pais dos emigrados, e os

---
[1] Jornal publicado por Hébert (líder da facção ultra-revolucionária dos jacobinos) de 1790 até 1794, quando foi guilhotinado pela Convenção. (N. do T.)

republicanos queriam conservá-la. Após um terceiro ataque, os republicanos levaram vantagem e foi decidido que esse artigo seria mantido. Introduziu-se uma só modificação nessa lei: ela excluía da anistia geral, concedida aos delitos revolucionários, os delitos que se relacionavam ao 13 de vendemiário. Esse acontecimento, cujas analogias deviam renovar-se com muita freqüência, estava distante demais então para não anistiar os indivíduos que dele tinham participado e que, de resto, estavam todos impunes, de fato. A anistia foi aplicada aos delitos de vendemiário, como a todos os outros fatos puramente revolucionários.

Vê-se que o Diretório e os que queriam a República, com a Constituição do ano III, conseguiam conservar a maioria nos conselhos, apesar dos gritos de uns poucos patriotas loucamente arrebatados e de muita gente vendida à contra-revolução.

A oligarquia de Viena ficara consternada com a notícia da batalha de Arcole, que viera imediatamente depois de tão belas esperanças. Mas o medo deu a esses bons alemães uma atividade que não lhes é natural. A imensa maioria acreditava que os franceses carregavam consigo por toda parte a guilhotina, e a chegada dos republicanos em Viena parecia o pior dos males, mesmo para a pequena burguesia tão oprimida, nesse país, pela nobreza. O povo inteiro decidiu tentar uma nova luta e realizou coisas inauditas para reforçar o exército de Alvinzi.

A guarnição de Viena partiu às pressas para o Tirol e o imperador ordenou um novo recrutamento entre os bravos húngaros (escravos descontentes da casa da Áustria).

Os vienenses, que amavam ternamente seu imperador Francisco, forneceram quatro mil voluntários e, mais tarde, viram-se mil e oitocentos desses burgueses inexperientes *morrerem em seus postos*, coisa de que muito se falou em outros lugares, mas que esses bons alemães fizeram. Haviam-no prometido à imperatriz quando esta lhes entregou as bandeiras bordadas com suas próprias mãos.

O conselho áulico ou Thugut recrutaram no exército do Reno alguns milhares de homens, escolhidos entre as melhores tropas da Áustria. Por essa atividade, verdadeiramente notável no seio de uma velha oligarquia (duzentas famílias reinavam então em Viena), o exército de Alvinzi fora reforçado com cerca de vinte mil homens e levado a mais de sessenta mil combatentes. Esse exército descansado e reorganizado contava com apenas um pequeno número de novos soldados.

Ele inspirava sérias apreensões a Bonaparte; mas o general tinha outro motivo de inquietação. Em Paris, os nobres, os padres, os imigrados e todos os que desejavam a humilhação de nossas armas anunciavam que ele morria de uma doença desconhecida. Era bem verdade, Napoleão não podia mais montar a cavalo sem grande esforço, seguido de completo abatimento. Seus amigos acreditaram que fora envenenado; ele mesmo assim suspeitou; mas, como não havia remédio algum para isso, continuou a cumprir com seu dever, sem pensar muito na saúde. Essa grande alma lembrou-se do *Decet imperatorem stantem mori* (um general-em-chefe deve morrer de pé).

Foi nos tempos de Arcole que esteve pior, sentiu-se melhor durante a curta campanha de Leoben e o descanso de Montebello restituiu-lhe as forças. Mais tarde, esteve de novo muito mal e só muitos anos depois é que Corvisart (um dos melhores médicos do século e o homem menos cortesão e mais inimigo dos hipócritas que já existiu) conseguiu adivinhar a doença de Napoleão e, em seguida, curá-la.

Diante de Toulon, vendo que o fogo de uma bateria acabara de cessar, Napoleão correu até ela; não encontrou ninguém vivo. Todos os canhoneiros acabavam de ser mortos pelos projéteis ingleses. Pôs-se a carregar sozinho a peça e pegou o escovilhão. Acontece que o canhoneiro que empunhara esse instrumento antes dele tinha sarna, que não tardou a contagiar Napoleão. Escrupulosamente limpo por natureza, logo se curou. Fez mal: deveria ter deixado a doença seguir sua evolução. O vírus, não suficientemente expulso, atacou o estômago. Ao acampar perto de um pântano, nos arredores de Mântua, pegou uma febre e logo se encontrou nesse estado de esgotamento completo que era o desespero de seu exército e a alegria dos realistas.

Foi nesse estado de esgotamento que, na época de uma de suas últimas batalhas, três dos cavalos montados por ele morreram de cansaço. Suas faces cavas e lívidas contribuíam para aumentar o efeito mesquinho de sua pequena estatura. Os emigrados diziam, ao falar dele, que "é amarelo de dar gosto" e bebiam à sua morte próxima.

Somente seus olhos e seu olhar fixo e penetrante anunciavam o grande homem. Esse olhar lhe conquistara seu exército, que lhe perdoara seu aspecto mirrado e que o amava ainda mais por isso. Convém lembrar que esse exército era todo composto de jovens meridionais, facilmente apaixonáveis. Eles comparavam com freqüência seu *Petit Caporal* ao magnífico Murat, e a preferência era por aquele homem tão magro e já em posse de tão grande glória! Depois de Arcole, as forças físicas do jovem general pareceram extinguir-se; mas a força da sua alma lhe proporcionava uma energia que cada dia surpreendia mais, e vamos ver o que ele fez em Rivoli.

CAPÍTULO XIX

Depois das duras perdas que o exército sofrera em Calliano, às margens do Brenta, e em Arcole, Napoleão fizera ao Diretório as mais vivas instâncias no sentido de obter as forças indispensáveis para poder conservar suas posições. O Diretório enviou-lhe seis mil homens e empregou vinte e cinco mil para tentar uma incursão na Irlanda. Teria sido mais simples mandar esses vinte e cinco mil homens à Itália, derrotar a Áustria, firmar a paz com ela e, em seguida, tentar uma incursão na Irlanda; mas o Diretório não sabia governar direito e, além disso, tinha inveja de Napoleão.

A vitória de Arcole repercutira na França; os franceses começavam a compreender a que se devera a sorte da Itália. Forçado pelo clamor público, o Diretório comunicou ao general-em-chefe que ia enviar-lhe as belas divisões Bernadotte e Delmas, deslocadas da retaguarda do Reno. Enquanto esperava a chegada dessas tropas, que, apesar do inverno, deviam atravessar os Alpes, Napoleão passou o mês de dezembro precavendo-se contra Veneza. A velha aristocracia veneziana, tão formidável na Idade Média, sempre teve muito espírito, mas perdera toda a energia. Cada vez mais indisposta com os encargos da guerra que era travada em seus Estados, essa República aumentava seus armamentos.

Se tivesse seguido os conselhos do general francês, provavelmente existiria ainda hoje. Mas era difícil para aqueles velhotes fracos, estiolados pela vaidade, pelas riquezas e por um século de inação, verem o que havia de bom nos conselhos de um general jovem, cujos movimentos rápidos eram feitos para chocá-los. A falta de perspicácia desses velhos aristocratas chegava ao ponto de fazê-los ver em Napoleão um republicano ardoroso, um homem cujo único projeto, não podendo esperar tê-los como aliados, era procurar criar-lhes toda sorte de dificuldades. As sociedades patrióticas estabelecidas em Brescia, Bérgamo e Crema plantaram as sementes da democracia nos Estados de Veneza. Por sua vez, Veneza armava-se à força e distribuía dinheiro entre os camponeses fanáticos das montanhas bergamascas; Ottolini, podestade de Bérgamo, alistava a soldo trinta mil deles.

Bonaparte decidira fechar os olhos a isso e adiou qualquer explicação para depois da rendição de Mântua. Todavia, ocupou a cidadela de Bérgamo, que tinha guarnição veneziana, argumentando que não a acreditava suficientemente bem protegida para resistir a um assalto dos austríacos. Na Lombardia e na Cispadana, continuou a apoiar o espírito de liberdade, reprimindo tanto a facção austríaca como os padres e contendo a facção democrática. Manteve a aparência de amizade com o rei da Sardenha e com o duque de Parma. Foi até Bolonha, para concluir uma negociação com o duque da Toscana e impor-se à Cúria romana. Numa determinada época, o grão-duque da Toscana movera quatrocentos processos contra os jacobinos de seus Estados, nos quais, parece-me, nunca houve jacobinos. Mas logo esse príncipe filósofo tomou a sábia decisão de tolerar a Revolução Francesa e seus efeitos.

Como vimos, as tropas da República ocupavam Livorno. Vivas discussões ergueram-se entre a administração financeira do exército e o comércio dessa cidade. Tratava-se de mercadorias enviadas a Livorno *em consignação* (depositadas para serem vendidas) por negociantes ingleses, pelas quais os negociantes toscanos, como é de costume, fizeram adiantamentos. Essas mercadorias, que se obtinham com dificuldade dos negociantes de Livorno, eram, depois, muito mal vendidas por uma companhia que, de acordo com o general-em-chefe, chegava a roubar cinco a seis milhões ao exército.

Napoleão fez um acordo com o grão-duque; acertaram que, mediante dois milhões, pagos à vista, os franceses evacuariam Livorno. Ele via nesse arranjo a vantagem de poder passar a contar com a pequena guarnição que instalara nessa cidade.

Entre as idéias que se apresentavam em turbilhão naquela cabeça ardente e, ao mesmo tempo, sensata, notaremos a seguinte: havia que formar uma barreira entre o papa e o cerco de Mântua. Os ingleses não podiam desembarcar quatro mil homens em Ancona ou em Civitavecchia? Bonaparte queria pegar as duas legiões formadas em Bolonha e Ferrara (a República cispadana), uni-las à guarnição de Livorno, acrescentar a elas três mil homens e lançar esse pequeno regimento contra a Romanha e a marcha de Ancona. Apoderar-se-ia de duas províncias do Estado romano, reteria os impostos, tomaria assim a contribuição que não fora saldada e, sobretudo, tornaria impossível o projeto de junção de Wurmser com o exército papal.

Firmada a paz, poder-se-ia devolver a Lombardia à Áustria e formar uma República poderosa, acrescentando às províncias de Modena, Bolonha e Ferrara a Romanha, a marcha de Ancona e o ducado de Parma. Nesse caso, ceder-se-ia Roma ao duque de Parma, o que daria grande prazer ao rei da Espanha; o papa, não sendo apoiado nem pela Áustria nem pela Espanha, poderia ser posto numa ilha, a Sardenha, por exemplo.

Bonaparte começara a executar seu projeto; deslocara-se para Bolonha com três mil homens e ameaçava a Santa Sé; mas Roma não teve medo. O núncio Albani escrevia de Viena narrando os milagres que a administração fazia diante de seus olhos para formar um quinto exército. Roma reuniu tropas, esperou comunicar-se pelo baixo Pó com Wurmser e atestou o desejo de ver o general francês avançar ainda mais em suas províncias.

O cardeal secretário de Estado explicava seus planos de campanha:

— Se necessário — dizia ele —, o Santo Padre sairá de Roma e irá passar alguns dias em Terracina, na extrema fronteira do reino de Nápoles; quanto mais Bonaparte avançar e se afastar do Adige, mais se exporá aos perigos de uma retirada desastrosa e maiores chances terá a santa causa.

Nada mais sensato que esse raciocínio. Mas Napoleão evitava cuidadosamente afastar-se em demasia de Mântua. Estava de olho no Adige e esperava a cada instante um novo ataque.

No dia 8 de janeiro de 1797, foi informado de que seus postos avançados haviam sido atacados em toda a linha; voltou a atravessar o Pó a toda pressa, com seus dois mil homens, e correu pessoalmente até Verona. Alvinzi avançava para romper o bloqueio de Mântua, à frente de quarenta e poucos mil homens; Mântua encerrava vinte mil, doze dos quais, pelo menos, em armas.

Era a quarta vez que o exército da Itália tinha de combater pela posse de Mântua. As divisões Bernadotte e Delmas, que eram esperadas do exército do Reno, não haviam chegado, e Alvinzi retomara a ofensiva.

O exército ocupava suas posições ordinárias: a divisão Serrurier diante de Mântua; Augereau à margem do Adige, de Verona até além de Legnago; Masséna em Verona; Joubert com uma quarta divisão na Corona e em Rivoli, cujo nome deverá sua importância à última das grandes batalhas vencidas por Bonaparte na Itália.

Cada uma dessas quatro divisões contava com mais ou menos dez mil homens. O general Ney encontrava-se em Desenzano com uma reserva de quatro mil homens.

O inimigo avançava a uma só vez por Rovereto, Vicenza e Pádua, isto é, atacava ao mesmo tempo o centro e as duas alas do exército francês. Napoleão determinou-se a manter suas posições até adivinhar qual dos três ataques era o verdadeiro.

No dia 12 de janeiro de 1797, a coluna que avançava por Vicenza aproximou-se de Verona e obrigou os postos avançados de Masséna a ceder; o resto da divisão veio em socorro deles, desembocou em San Michele, e o inimigo foi rechaçado com perdas; o general-em-chefe teve a certeza de que os austríacos não dispunham de força nesse ponto.

No dia seguinte, à tarde, foi informado de que o general Joubert, atacado de frente por forças superiores e ameaçado em seus dois flancos por fortes colunas, fora obrigado, de manhã, a evacuar a posição da Corona (situada entre o Adige e o Monte Baldo, além do qual se encontra o lago de Garda). Joubert recuara para Rivoli, de onde contava continuar sua retirada na direção de Castelnuovo. Napoleão não teve mais dúvidas: estava claro que a coluna de Vicenza e a que se dirigia para o baixo Adige estavam orientadas para distraí-los, a fim de facilitar a marcha do regimento principal, que descia pelo vale do Adige. Era a esse regimento, pois, que devia opor o grosso do exército.

Napoleão partiu de Verona, levando consigo a maior parte da divisão Masséna; dois mil homens ali permaneceram para conter a coluna de Vicenza; Ney recebeu a ordem para ir de Salò a Rivoli, ponto de reunião geral. Napoleão adivinhara que, seguindo o método austríaco, o marechal Alvinzi teria dividido em várias colunas o batalhão que desembocava pelo vale do Adige. Pensava que, ocupando o platô de Rivoli, para onde convergem as diferentes trilhas que sulcam essa região montanhosa, poderia agir em massa contra colunas separadas entre si por obstáculos insuperáveis.

Esse cálculo tinha fundamento, mas quase não deu certo. O exército francês era muito pouco numeroso para em toda parte fazer face a marchas de uma rapidez incrível. Napoleão encontrou-se sem cessar no meio das balas e em nenhuma de suas batalhas ficou exposto por tanto tempo ao fogo dos mosquetões. Esse exército pouco numeroso, sem dúvida, teria sido aniquilado se tivesse perdido seu general-em-chefe. Nunca Augereau teria aceitado obedecer a Masséna; Lannes ainda era de patente inferior, e, de resto, a infeliz lei da antiguidade provavelmente teria dado o comando-em-chefe a Serrurier.

Napoleão mandou Joubert sustentar sua posição a qualquer preço diante de Rivoli, até sua chegada.

No momento em que partia de Bassano, Alvinzi, pondo-se em marcha para subir o Brenta e lançar-se no vale do Adige, enviara Provera com oito mil homens sobre Legnago e Bayalitsch, com cinco mil, sobre Verona. Ele mesmo, à frente de uns trinta mil combatentes, desembocou por Rovereto sobre a Corona. Depois, teve a idéia verdadeiramente alemã de subdividir ainda mais esse pequeno exército em seis colunas, quando deveria ter agido em massa com trinta e oito mil homens; cinco mil bastavam, de resto, para inquietar o Adige.

Enquanto três dessas seis colunas de Alvinzi, somando um total de doze mil homens, pressionavam Joubert de frente, o general Lusignan, com quatro mil homens, dirigiu-se para a margem extrema do lago de Garda, a poente do Monte Baldo. Lusignan pretendia, com seus quatro mil homens, contornar a esquerda dos franceses.

Quasdanowich, com uma quinta coluna de oito mil homens, destinada a assaltar a direita, tomou o caminho que acompanha a margem direita do Adige. Cumpre notar que a artilharia e a cavalaria, que não podiam seguir as outras colunas nos péssimos caminhos montanhosos pelos quais tinham de passar, marchavam com esta última coluna pela ótima estrada que margeia o Adige. Enfim, para evitar qualquer embaraço, Wukasowich, com uma sexta coluna de quatro mil homens, descia a margem esquerda do Adige.

Se o leitor quiser se dar conta da singularidade desse plano, poderá verificar numa boa carta geográfica que, por causa de uma série de obstáculos naturais intransponíveis, nenhuma dessas colunas podia comunicar-se com a coluna vizinha.

Começando pela direita do exército inimigo, a crista do Monte Baldo impedia qualquer comunicação entre a coluna de Lusignan, que margeava o lago, e as três colunas do centro; estas se encontravam separadas da de Quasdanowich, onde estavam a artilharia e a cavalaria, pelos cumes impraticáveis de San Marco; e, por fim, o Adige encontrava-se entre Quasdanowich e Wukasowich.

Assim, todas as colunas ativas do inimigo chegavam por montanhas e sem canhões, ao passo que, reunido no platô de Rivoli, o exército francês podia recebê-las sucessivamente, mesmo com canhão de doze. O gênio de Bonaparte esteve em ousar adivinhar um plano tão singular. Para que esse plano tivesse êxito, era necessário que todas as colunas austríacas pudessem chegar no mesmo instante e formar um conjunto perfeito.

No momento em que recebeu as ordens de seu general-em-chefe, por volta de uma hora da manhã, Joubert estava em plena retirada. Retornou incontinenti à posição de Rivoli, que felizmente o inimigo ainda não tivera tempo de ocupar. Napoleão encontrou-o lá cerca de duas horas após a meia-noite; o luar estava magnífico; as fogueiras dos bivaques austríacos eram refletidas pelos cimos cobertos de neve do Monte Baldo, e Napoleão pôde ter certeza da existência de cinco campos inimigos separados.

No dia 14 de janeiro de manhã, o grosso da divisão Joubert marchou para San Marco, por Caprino e San Giovanni, e atacou o centro dos austríacos; enquanto isso, uma meia-brigada posicionada nas trincheiras, atrás de Osteria, cobria sua direita. Tinha a missão de deter Quasdanowich, que, provavelmente, tentaria subir ao platô de Rivoli, partindo das margens do Adige, onde estava posicionado. Masséna, que chegava em marcha forçada, recebeu a ordem de destacar uma meia-brigada à esquerda, para conter Lusignan, que, provavelmente, por um movimento semelhante, procuraria subir das margens do lago para o platô.

Joubert batia-se energicamente; mas os austríacos o recebiam com extrema bravura; foi uma das batalhas que mais honra lhes fez. A esquerda dos franceses, superada, recuou. Ao ver esse movimento, a direita, comandada pelo general Vial, também recuou; por felicidade, o 14º batalhão de linha sustentou-se admiravelmente no centro e deu tempo para restabelecer a situação. Napoleão correu à esquerda de Joubert, conduzindo a coluna de Masséna, que acabava de chegar; o inimigo foi rechaçado, e a esquerda se restabeleceu nos altos de Trombalora.

Durante esse tempo, as coisas iam muito mal nas outras frentes; a direita era vivamente perseguida pelos austríacos, que desciam dos altos de San Marco. Quasdanowich havia forçado os entrincheiramentos de Osteria, e sua coluna, chegando do fundo do vale do Adige, começava a subir o aclive que leva ao platô de Rivoli. De um outro lado, via-se Lusignan que, por Affi, dirigia-se para a retaguarda do exército.

Assim, o exército francês estava cercado. Napoleão não se surpreendeu; pôs-se a desbaratar Quasdanowich. Esse general era obrigado a passar por uma ravina profundíssima, penetrada por nossas baterias. Mal sua cabeça de coluna apareceu no platô, foi assaltada em seus dois flancos pela infantaria e, de frente, pela cavalaria, que o intrépido Lassalle (morto mais tarde em Wagram) levou à carga. O inimigo foi dispersado e repelido para a ravina. A desordem já era grande do seu lado, quando um obus francês fez explodir uma carroça de munições, no caminho em depressão que margeia o Adige, no qual os austríacos estavam amontoados; a confusão e o terror chegaram ao auge; infantaria, cavalaria e artilharia recuaram desordenadamente por Incanale.

Livre de Quasdanowich, Napoleão pôde pensar em socorrer Vial (da ala direita de Joubert), que estava em plena retirada. Os austríacos tinham-se dispersado ao perseguir Vial; os duzentos cavalos que Napoleão lançou contra eles puseram-nos numa completa desordem, que, parece incrível, comunicou-se a todo o centro inimigo. Alvinzi só conseguiu reunir esses fujões além do Tasso.

Faltava Lusignan. Não encontrando resistência séria, esse general veio se estabelecer no monte Pipolo, para cortar inteiramente a retirada do exército francês. Mas, para tanto, teria sido preciso, primeiramente, que os franceses fossem vencidos.

Napoleão opôs-lhe uma parte da divisão Masséna, que manteve o combate até a chegada de Ney. Havendo a cabeça da coluna desse último, vinda de Orza, finalmente desembocado na retaguarda de Lusignan, este viu-se cercado, por sua vez. Seu corpo de quatro mil homens foi destruído; ele voltou para o Monte Baldo, com algumas centenas de soldados apenas.

A batalha estava ganha; o que segue talvez seja ainda mais admirável.

Na mesma noite da batalha de Rivoli, no momento em que os generais mandavam contar os prisioneiros austríacos e em que cada meia-brigada certificava-se, pela chamada nominal, das perdas enormes que fizera, Napoleão soube que Provera, forçando o centro da divisão Augereau, que voltara em pequenos destacamentos ao longo do Adige, conseguira atravessar esse rio, ao anoitecer do dia 13 de janeiro. Provera dirigia-se para Mântua, ia romper o bloqueio da praça. Napoleão calculou que Joubert, unido a Ney, seria forte o bastante para repelir os restos de Alvinzi e, com a divisão Masséna, partiu imediatamente para Roverbella, onde chegou ao entardecer do dia 15. No dia 14, tendo tido tempo de reunir sua divisão, Augereau atacara a retaguarda de Provera, causando pesadas baixas.

No dia 15, Provera chegou diante de Mântua; contava entrar na cidade pelo *faubourg* San Giorgio; mas encontrou-o ocupado pelos franceses e defendido por trincheiras; não pôde comunicar-se com a praça.

Batalha da Favorita

No dia 16 de janeiro de 1797, às cinco da manhã, Provera atacou o posto da Favorita e Wurmser o de Sant'Antonio; Serrurier conseguiu manter a posição com ajuda dos reforços trazidos pelo general-em-chefe. Wurmser entrou na praça.

Provera, atacado de frente por Serrurier, à esquerda pela guarnição de San Giorgio, à direita por Napoleão em pessoa, à frente do resto da divisão Masséna, viu-se em má situação quando a divisão Augereau apareceu em sua retaguarda. Depôs as armas com os cinco mil homens que lhe restavam.

NAPOLEÃO

Era a segunda vez, nos últimos seis meses, que o general Provera recorrera a essa maneira de safar-se de um aperto. Quando Napoleão adivinhava completamente um general inimigo e o sabia bem medíocre, não deixava de elogiá-lo em todas as ocasiões como sendo um adversário perigoso ao qual era um orgulho combater. Graças a essa astúcia bem simples, nunca deixavam de lhe opor esse general.

Enquanto Napoleão vencia a batalha da Favorita, Joubert operava com uma atividade digna de seu ilustre chefe.

A destruição do regimento de Lusignan e a retirada de Quasdanowich para Rivalta deixavam sem esperança de socorro Alvinzi e seu exército do centro. No dia 15 de janeiro, Joubert fez duas colunas marcharem com extrema rapidez e conseguiu contornar Alvinzi pelos dois flancos; as tropas austríacas, interceptadas em sua linha de retirada e seguindo rente aos precipícios da Corona, foram quase inteiramente destruídas antes de chegarem a Ferrara. Quase cinco mil homens depuseram as armas.

Tendo perdido mais da metade de seu exército, o marechal Alvinzi levou o que lhe restava para o outro lado do Piave, não deixando, para a defesa do Tirol, senão cerca de oito mil homens. As retaguardas austríacas foram dispersadas por toda parte e, por fim, no começo de janeiro, o exército francês encontrou-se nas posições que havia ocupado antes de Arcole: Joubert em Lavis; Masséna em Basssano, com todas as suas forças, atrás da direita do exército francês.

Assim foi a célebre batalha de Rivoli, na qual trinta mil franceses, agindo contra um exército valorosíssimo, fizeram vinte mil prisioneiros. Nunca o exército francês realizou maior feito; as meias-brigadas republicanas superaram a rapidez tão gabada das legiões de César.

Os mesmos soldados que Napoleão fez sair de Verona e que combateram em San Michele no dia 13 de janeiro marcharam toda a noite seguinte sobre Rivoli, combateram nas montanhas no dia 14 até a noite, retornaram a Mântua no dia 15 e no dia 16 fizeram Provera capitular.

Napoleão, muito doente então, veio descansar de tantas fadigas em Verona.

CAPÍTULO XX

Bonaparte encontrara em sua campanha do Mincio um jovem francês, pintor de paisagens, que percorria os arredores do lago de Garda para fazer seus estudos. O general, rodeado de jovens que simulavam entusiasmo ou exageravam aquele que de fato sentiam, ficou impressionado com o raro bom senso e a mansidão do pintor, que nada parecia comover e que não se deslumbrava com nada. Aliás, esse pintor tinha uma estatura avantajadíssima e uma aparência agradável.

Havia uma coisa que Napoleão execrava acima de tudo: os relatos maculados de *gasconismo* e que pintam tudo como lindo. Convidou muitas vezes o jovem pintor para jantar e quis engajá-lo a combater consigo. Berthier e o próprio Napoleão, que gostava de conversar com o rapaz, lhe deram a entender que ele logo receberia uma patente militar e não teria mais motivo de queixar-se da sorte. Esse rapaz, que mostrara bravura na surpresa de Gavardo, respondia ao general, com sua simplicidade costumeira, que não reprovava os militares, que sua profissão sem dúvida era nobre e útil; mas que, no fim das contas, esse ofício lhe parecia grosseiro, mostrava o homem sob um mau aspecto, e ele não gostaria em absoluto de comprometer nele sua vida.

Depois de passar um mês no quartel-general, sempre extremamente bem tratado por Napoleão, ele despediu-se e continuou seu giro pela Itália.

Na época de Arcole, Napoleão escreveu ao ministro da República francesa em Florença para lhe pedir que desse vinte luíses ao sr. Biogi, que sabia ter voltado para lá, e rogar a este, de sua parte, que viesse visitá-lo em seu quartel-general.

O jovem pintor respondeu, com sua tranqüilidade natural, que tinha o que fazer em Florença e que essa viagem, que seria inútil para seu talento, o contrariaria muito. O ministro mostrou-lhe a carta de Napoleão, ressaltou a extrema obsequiosidade com que o general-em-chefe falava dele, mostrou-lhe ser uma vergonha recusar aquele convite, etc. Tanto fez, que Biogi pegou um *vetturino*, partiu de Florença e encaminhou-se lentamente para o quartel-general em Verona, desenhando todas as paisagens bonitas que encontrava no caminho. Chegou a Verona pouco depois da batalha de Rivoli e foi recebido às mil maravilhas.

— Se quiser ser oficial — disse-lhe Napoleão —, há muitos postos vacantes agora; eu o designarei para servir junto a mim.

— Não percebe o senhor — acrescentou o general Berthier, que estava presente ao encontro — que o general-em-chefe encarrega-se de sua fortuna?

— Quero ser pintor — respondeu o rapaz —, e o que acabo de ver dos horrores da guerra, as devastações que ela acarreta naturalmente e sem que se possa recriminar ninguém por isso, não me fizeram mudar de opinião sobre esse ofício grosseiro e que mostra o homem sob um aspecto negativo: o do interesse pessoal, exaltado até o furor, por meio do qual o tenente vê cair, sem se lamentar, o capitão, seu amigo íntimo, etc.

Bonaparte combateu filosoficamente essa maneira de ver e reteve o artista até às duas da manhã.

— Nunca vi ninguém falar tão bem — disse o pintor.

Foi convidado para jantar no dia seguinte e nos outros.

O rapaz, apesar da calma de seu caráter, tomou-se de amizade por Napoleão e, enfim, certa tarde, ousou perguntar-lhe por que não procurava combater, com uma dieta coerente, o veneno de que tanto se temia, no interesse da República, que ele viesse a ser vítima.

Berthier fazia inúmeros sinais ao jovem pintor para lhe dar a entender que o general não gostava desse tipo de conversa. Mas, para grande surpresa do chefe de estado-maior (que, no face a face, era tratado por seu general como se fosse um menino de recados e não ousava emitir sua opinião, a não ser que a pedissem expressamente, o que era raríssimo), Napoleão pôs-se a tratar o tema filosoficamente e a fundo.

— Há venenos, sem dúvida; mas haverá uma medicina? A medicina, se fosse uma ciência real, não me prescreveria o repouso? Ora, acaso haverá repouso para mim? Suponha que eu esqueça suficientemente meus deveres para passar o comando-em-chefe a um dos generais do exército da Itália; repousando em Milão ou em Nice, acaso meu sangue não se inflamará ao saber das batalhas que não poderei avaliar direito, por estar distante, e nas quais acharei que não fizeram tudo o que se podia fazer, com tropas tão valorosas? Em meu leito de dor, em Milão ou em Nice, estarei mil vezes mais agitado do que aqui, onde, pelo menos, quando minhas tropas estão bem posicionadas e os relatórios dos agentes são satisfatórios, posso dormir em paz. De resto, o que é um homem quando está privado de sua própria estima? E enquanto tantos bravos granadeiros morrem com alegria, o que será um general-em-chefe que, por ter dores no estômago ou no peito, vai se acamar em algum ponto da retaguarda? E que destino humilhante, se os *barbets*[1] viessem me assassinar! Não, não há medicina e, mesmo se essa ciência fosse tão segura quanto a melhor tática, o homem tem de cumprir com o seu dever; granadeiro ou general-em-chefe, deve ficar onde o destino o colocou, etc.

Napoleão só se despediu do rapaz às duas da manhã. Numa das noitadas seguintes, disse-lhe:

— Já que você se obstina em ser pintor, deveria pintar para mim o quadro de Rivoli.

— Não sou pintor de batalhas — respondeu Biogi —, mas simples paisagista. Entrevi algumas vezes os efeitos da fumaça e o aspecto das linhas de soldados, ao seguir o senhor; mas não estudei o bastante essas coisas para ousar representá-las. Só posso pintar, com alguma possibilidade de êxito, o que conheço bem.

Napoleão tentou combater essas alegações, mas o rapaz permanecia firme em suas afirmações.

— Pois bem — disse o general —, pinte-me o platô de Rivoli e as montanhas que o cercam, com o Adige correndo lá embaixo à direita, no fundo do vale, tais como vi quando elaborei meu plano de ataque.

---

[1] Bandos formados por desertores e prisioneiros foragidos que atacavam os comboios, os soldados retardatários e os feridos. (N. do T.)

— Mas — respondeu Biogi, que, no exército, só gostava do general-em-chefe e não tinha vontade de ficar por mais tempo com os guerreiros — uma paisagem sem folhas é uma coisa muito triste, que não me daria o menor prazer ao pintar, nem ao senhor, general, quando a visse. Uma paisagem sem folhas precisa ser animada pelos detalhes e pelas paixões de uma grande batalha, o que eu não sei fazer; lamento muitíssimo não poder pintar um quadro para o senhor.

— Pois bem, faça-o como achar melhor. Berthier vai lhe dar uma escolta.

O general Berthier desenhou os diversos movimentos da batalha; o Monte Baldo à esquerda, os altos de San Marco em frente, o Adige à direita.

E foi com base nessa espécie de plano improvisado que Napoleão, de boa maré para conversar e discutir, e Berthier procuraram fazer o pintor compreender os movimentos sucessivos que acabamos de contar. O pintor estava eletrizado por tão belo relato, feito, dizia ele, com a maior simplicidade e sem a menor ênfase. Napoleão só foi um pouco enfático ao falar a respeito do veneno, de seu dever e de sua completa abnegação. Sem dúvida, Napoleão esperava ter um quadro de batalha. Se não, diz Biogi, para que explicar com tanta nitidez os movimentos das tropas e, sobretudo, as diferenças de suas fardas? Os canhoneiros, com suas peças de doze, penetrando à direita no vale do Adige e atacando as tropas de Quasdanowich, fardadas de branco, que tentam subir ao platô; os dragões, de uniforme verde, comandados por Lassalle, etc.

Quando se separaram, eram mais de duas horas da madrugada. Na manhã do dia seguinte, o general Berthier deu como escolta a Biogi quatro granadeiros inteligentes, escolhidos numa das meias-brigadas que mais haviam agido na batalha do platô de Rivoli. Biogi pôs-se a caminho com eles e ficou muito contente com sua conversa. Por seu bom senso, diz, ela lhe lembrava a do general-em-chefe; teria sido difícil alguém mostrar inteligência maior do que a daqueles bravos rapazes. Dormiram numa aldeia; no dia seguinte, Biogi percorreu com eles todo o campo de batalha. Quando chegou à esquerda, na garganta que desce para o lago de Garda, Biogi continuou a avançar; os granadeiros, dois dos quais tinham tomado a dianteira, detiveram-se, e um dos que tinham ficado com Biogi lhe disse:

— Cidadão, temos ordem de escoltá-lo; logo, não é de forma alguma para atrapalhar sua ações, vamos acompanhá-lo aonde você quiser ir; mas, se continuar a descer assim em direção ao lago, vai levar uns tiros. Os camponeses das redondezas são malvados.

Biogi respondeu que era por pura curiosidade e levado pela beleza da paisagem que descia em direção ao lago. Voltou com eles para a aldeia de Rivoli e escolheu o ponto de vista de seu quadro, ao lado de um murinho recentemente demolido pelo canhoneio. Os granadeiros observavam-no e pareciam não querer afastar-se de seu cavalete, por causa da ordem recebida. Ao cabo de uma hora, um deles lhe disse:

— Aqui você não corre nenhum perigo; nosso capitão foi morto a trezentos passos adiante; era um bom sujeito; se não precisa de nós, gostaríamos de ir rever o lugar.

Alguns instantes depois, Biogi, vendo todos os quatro se deterem e olharem atentamente para o chão, deixou seu desenho e foi ter com eles; encontrou-os de lágrimas nos olhos.

— Foi aqui que o pobre capitão caiu morto; terá sido enterrado pertinho.

Puseram-se a rebuscar com a baioneta os lugares em que a terra parecia recentemente revolvida e por fim pararam, sem dizer nada; haviam reconhecido seu capitão, cujo peito estava recoberto por não mais de três dedos de terra. Comovido, apesar de sua frieza habitual, Biogi acompanhou-os por mais de uma hora. Eles mostravam todas as marchas e contramarchas feitas pela companhia, antes de o capitão ser morto.

Biogi ficou três dias com eles nas cercanias da aldeia de Rivoli. Tomava vistas do campo de batalha, em todos os sentidos, pensando que isso poderia ser agradável ao general-em-chefe; de resto, comprazia-se muito na companhia daqueles quatro granadeiros e começava a perder um pouco da sua antipatia pela situação de militar.

— Na verdade — dizia em 1837 —, eu não gostava era dos oficiais; o general-em-chefe e os granadeiros me agradavam muito.

Voltou a Verona, onde passou seis semanas ocupado em pintar seu quadro e sendo sempre muito bem recebido pelo general, que o convidara a ir visitá-lo todos os dias, ao cair da noite, quando não podia mais trabalhar; o general o retinha com freqüência para o jantar.

Um dia em que Biogi esperava no salão, com vários coronéis, a hora do jantar, o general Berthier apareceu e disse com mau humor:
— O que estão fazendo aqui, senhores? Não é seu lugar, vão embora.
Biogi, um tanto desconcertado, apressou-se a sair com os coronéis.
— Fique — disse-lhe Berthier. — Não é de você que estou falando; o general sempre tem muito prazer em vê-lo; você já deve ter percebido: ele o faz sentar a seu lado, conversa com você.
O que Berthier dizia tinha uma ponta de mau humor, pois o general-em-chefe nunca falava com ele ou com outro oficial, a não ser para questioná-los secamente. Berthier não parecia mais que um moço de recados, encarregado de distribuir ordens.
"Não dá para imaginar", dizia Biogi, "a quantidade de gente que, todos os dias, vinha falar com o general-em-chefe. Vinham mulheres muito bem-arrumadas, padres, nobres, gente de toda espécie; ele os pagava bem; por isso, sabia de tudo".
Biogi estava surpreso com a distância que Napoleão mantinha de seus generais, mesmo os mais distintos; se lhes dirigia uma palavra, isso era tido como um favor e, à noite, tornava-se o tema da conversa entre eles.
"Nada menos sedutor do que a posição que me era oferecida", ele acrescentava. "Era necessário ter ambição. Sem dúvida, assim que eu vestisse a farda, ele não falaria mais comigo. E se tivesse continuado a falar, quantas invejas!"
O general-em-chefe tinha gosto em conversar com os soldados, fazendo-o sempre de maneira simples e sensata, e procurando compreender direito as idéias deles. Muitas vezes prolongava a conversa com Biogi; seu olhar tinha muita graça, sobretudo quando a noite avançava, e era perfeitamente polido. Sua alma adivinhava muitas coisas, em matéria de belas-artes; nunca lera nada a esse respeito; citava quadros de Annibale Carraci como sendo de Michelangelo.
Naquele tempo, Gros fazia seu retrato, aquele em que está representado empunhando uma bandeira e atravessando a ponte de Arcole; é o único dessa época que se parece com ele. O general está com seu sabre de lado e, como faz um violento movimento para a frente, a dragona do sabre fica um

pouco para trás. Berthier, que, no entanto, sabia desenhar, perguntou a Gros por que aquela dragona não estava na posição vertical. Nada mais simples, disse Napoleão, e explicou o motivo.

"Gros foi o único pintor", continuava Biogi, "que ousou reproduzir as *pobrezas* (termo de pintura) que, nessa época, impressionavam em toda parte os olhos do general, que tinha a aparência de um homem muito doente do peito. A gente só se tranqüilizava quando considerava os enormes percursos que ele fazia todos os dias e a rapidez com que caminhava. Seu olhar tinha um quê de surpreendente; era um olhar fixo e profundo, não tinha em absoluto o ar inspirado e poético. Esse olhar adquiria uma doçura infinita quando falava com uma mulher ou quando lhe contavam algum belo feito de seus soldados. Em suma, era um homem à parte; nenhum de seus generais se parecia com ele, de maneira nenhuma. Lemarrois tinha uma aparência encantadora, meiga, afável, distinta, mas, ao lado de seu general, tinha um ar inferior. Murat era bonito a cavalo, mas de uma espécie de beleza grosseira. Duphot deixava entrever muito espírito; apenas Lannes lembrava um pouco o general-em-chefe".

Este era cercado de um respeito profundo e silencioso; era um homem absolutamente ímpar, e todo o mundo sentia isso. Todas as belas damas de Verona procuravam encontrá-lo em casa do provedor veneziano, ex-embaixador e grão-senhor que, em presença do general-em-chefe, parecia um garotinho.

Quando o quadro representando o platô de Rivoli foi concluído, o general mostrou-se contente com ele; tinha muito da verdade e da suavidade de Claude Lorrain. Pagou-o bem e Biogi devolveu-lhe seis luíses, dos vinte e cinco recebidos em Florença, dizendo que não gastara mais.

Não mudamos uma só palavra do relato de Biogi, que hoje vive retirado numa cidadezinha da Bretanha[2].

---

[2] Stendhal cita a batalha de Rivoli copiando do *Mémorial de Sainte-Hélène*. Ele retira dessas memórias os fragmentos de Leoben e da batalha de Taliamento. (N. do T.)

CAPÍTULO XXI

Tendo o Grande Conselho, sob a presidência do doge, decretado, em 12 de maio de 1797, a abolição do governo, quatro mil franceses tomaram posse de Veneza no dia 16.

A amabilidade dos venezianos, a extrema desgraça em que caíram, o interesse que esse povo inspira à curiosidade do filósofo, como sendo o mais alegre que já existiu[1], tudo leva a considerar com grande pesar a decisão tomada por Napoleão. Se ele tivesse podido agir de outro modo, talvez Veneza ainda existisse hoje e a infeliz seria menos sufocada pelo jugo de chumbo da Áustria. Metternich não povoaria o Spielberg com os italianos mais ilustres. Mas não se pode deixar de reconhecer que a conduta do general foi de todo legítima. Ele fez tudo o que era humanamente possível para conservar Veneza; teve, porém, de se haver com gente por demais imbecil.

Com a ocupação de Veneza pelos franceses termina a parte poética e perfeitamente nobre da vida de Napoleão. Daí em diante, visando a sua conservação pessoal, ele passa a se resignar com medidas e procedimentos sem dúvida legítimos, mas que já não podem ser objeto de um entusiasmo apaixonado. Essas medidas refletem em parte a baixeza do Diretório.

Terminam, pois, aqui, os tempos heróicos de Napoleão. Lembro-me muito bem do entusiasmo de que sua jovem glória enchia todas as almas generosas. Nossas idéias de liberda-

---
[1] Palavras do poeta Buratti (*Elefanteïde*), morto em 1832.

de não eram aclaradas por uma experiência de vigarices recentes, como hoje. Dizíamo-nos: "Quisesse Deus que o jovem general do exército da Itália fosse o chefe da República!".

Não é fácil, para o francês, compreender o mérito refletido e profundo, o único capaz de levar a sucessos freqüentes; ele gosta de imaginar que há em seu herói algo de jovem e aventuroso e, sem pensar, mergulha no que resta do ideal cavalheiresco. Em 1798, acreditava-se um pouco que o general Bonaparte vencera suas batalhas como os escribas de província acreditam que La Fontaine compunha suas fábulas: sem pensar. Quando se soube que Napoleão estava em Paris e se apresentava ao Diretório, todo o mundo disse: vão envenená-lo! Essa idéia começou a esvaziar o entusiasmo que o general do exército da Itália inspirava; viram-no refletindo profundamente em Paris para escapar das ciladas do Diretório. Os tempos heróicos de sua glória cessaram.

A notícia da expedição do Egito veio realçar a idéia que se tinha da ousadia de seu gênio, mas ela enfraqueceu a que tínhamos de seu amor apaixonado pela pátria. A República, dizíamos, não é suficientemente rica, não está suficientemente acima de seus negócios para mandar o que ela tem de melhor ao Egito. Napoleão se presta a esse projeto pelo duplo temor de ser esquecido ou envenenado. Mas, para voltarmos às batalhas, apresentamos, quase sempre com as palavras de Napoleão, as batalhas de Montenotte, Millesimo, Dego, Ponte de Lodi, Lonato, Castiglione, Rovereto, Bassano, San Giorgio, Arcole, Rivoli, a Favorita, Tagliamento, Larvis.

Narraremos em muito menos palavras Chebreiss, Pirâmides... Waterloo.

Para ser explicada militarmente, uma batalha requer cinqüenta páginas; para ser relatada, pelo menos claramente, são necessárias vinte. É fácil ver que as batalhas encheriam todo este livro. De resto, o leitor que possui alguma noção de geometria gosta de ler as batalhas em Gouvion Saint-Cyr, Napoleão, Jomini; nos autores ou nas memórias que se deram ao trabalho de comparar seriamente os boletins e as mentiras das duas partes.

CAPÍTULO XXII

Napoleão tinha medo dos jacobinos, de quem tirava não apenas o poder, mas também as ocupações cotidianas; estabeleceu uma polícia para vigiá-los; gostaria de ter podido deportar todos os seus líderes; mas a opinião pública teria se revoltado contra essa medida, e a fusão que ele desejava realizar seria por muito tempo retardada. Mesmo exilando os líderes, o temor dos populares teria permanecido, e bastariam uns vinte deles para fazer uma conspiração e pôr sua vida em perigo.

Os jacobinos talvez sejam os únicos seres que Napoleão odiou. Quando voltou do Egito, encontrou o poder de fato nas mãos de Sieyès (que considerava jacobino); digo o poder de fato, pois o Diretório só continuava existindo porque ninguém se apresentava para lhe dar o golpe final, e Sieyès poderia ter feito, com outro general, o que fez com Napoleão.

Depois de ter bem refletido, Napoleão achou que devia confiar a um ex-jacobino o cuidado de vigiar os jacobinos.

Acreditou ter ganhado Fouché (no que se enganava) e encarregou-o:

- 1º) de dar cargos importantes a todos os jacobinos dignos de mérito;
- 2º) de dar cargos secundários a todos os jacobinos que pudessem ser perigosos, por sua atividade e seu entusiasmo pela pátria;
- 3º) de fazer tudo o que fosse pessoalmente agradável ao resto dos jacobinos.

Atacava, assim, o entusiasmo virtuoso por meio do egoísmo. Napoleão queria muito ver os jacobinos ativamente ocupados em seus novos cargos. Fouché deveria dizer aos mais entusiastas: "Deixem-me agir. Vocês não me conhecem? Não sabem que trabalho para o bem do partido? Minha posição me coloca em condições de ver o que podem os soldados; sigo todos os movimentos deles. Assim que pudermos entrar em ação, eu digo a vocês, etc.".

Fouché deveria continuar vivendo com os jacobinos e, inclusive, ter contato com os que pessoalmente mais se opunham a ele; pois, de outro modo, como poderia vigiar suas ações? Era importante, com relação a muitos deles, saber onde dormiam cada dia.

Fouché era encarregado de espreitar na alma deles os progressos do egoísmo e, sobretudo, dar oportunidade de agir aos que ainda tinham atividade e ardor.

A facção realista era muito apreciada por Napoleão: "Essa gente é a única que sabe servir", ele disse, quando o conde de Narbonne, encarregado de lhe entregar uma carta, apresentou-a no verso de seu tricórnio. Se tivesse ousado, Napoleão ter-se-ia feito cercar exclusivamente de gente pertencente ao *faubourg* Saint-Germain.

Os que, entre essa gente, eram honrados com uma espécie de confidência pelo imperador espantavam-se ingenuamente com seus cuidados com o partido da revolução, que, por exemplo, reinava abertamente no Conselho de Estado, então, de longe a principal instituição do Império. O que acontecia no Senado e no corpo legislativo não era nada mais que cerimônia.

Os confidentes, recrutados na facção realista de que falei, sempre tiveram medo do imperador, ao falar com ele; e nunca puderam compreender que ele, o imperador, pudesse ter medo de alguma coisa.

Ele teve muito medo, primeiro, de todos os jacobinos; quando esse primeiro medo amainou, teve muito medo de Fouché, tentou substituí-lo por Pasquier e, enfim, pelo general Savary, duque de Rovigo. Vontade de tirania, coragem e atividade não faltavam a esse último. Mas, tendo vivido sempre no exército, não conhecia nem um pouco os jacobinos.

O próprio Pasquier só os conhecia muito imperfeitamente.

Até que ponto Fouché enganou o imperador?

CAPÍTULO XXIII

O imperador pereceu por duas causas:
1º) o amor que passou a ter pelos medíocres, depois de sua coroação;
2º) a união do ofício de imperador ao de general-em-chefe.
Toda a noite que precedeu à jornada de 18 de junho de 1813 em Leipzig foi tomada pelo ofício de imperador; ele ocupou-se com ditar ordens para a Espanha, e não com os detalhes da retirada do dia seguinte, que fracassou por falta de ordem. Berthier, como sempre, não previu nada, nenhuma responsabilidade ousou tomar para si. Por exemplo, um oficial de ordenança do imperador deveria ter tido o comando da ponte do Elster e avaliar o momento oportuno de explodi-la.

Em Leipzig, um exército de cento e cinqüenta mil homens foi esmagado por um exército de trezentos mil; não houve lá nem arte nem manobra.

O exército de cento e cinqüenta mil homens era composto de jovens soldados, esfalfados e comandados por generais desgastados e cansados, os quais obedeciam a um homem genial, mais preocupado com seu império do que com seu exército.

O general-em-chefe que o enfrentava, homem amável na sociedade, era estúpido à frente de um exército e, de resto, embaraçado pela presença de dois soberanos que, a todo instante, estimulados por seus cortesãos, metiam-se a corrigir os erros que o viam cometer. A absoluta imperícia do amável príncipe Schwarzemberg e a desordem que dela decorria permitem-nos crer que, se o exército francês tivesse lidado apenas com o general do exército da Itália, unicamente ocupado em seu ofício, teria sido salvo. Mas, para tanto, fazia falta um chefe de estado-maior ativo, capaz de algumas combinações e que ousasse, se necessário, tomar a responsabilidade pelo menos das medidas secundárias; numa palavra, o contrário de Berthier. Nós o vimos nessa época, homem totalmente desgastado, preocupadíssimo, como seu senhor, com sua nova condição de príncipe, temeroso de comprometer os privilégios desta, demasiado polido na forma das suas cartas. Esse príncipe estava tão desgastado e cansado que, quando alguém ia pedir-lhe ordens, encontrava-o prostrado em sua poltrona, com os pés em cima da mesa, e a única resposta que dava era assobiar. Não se distinguia, naquela alma desprovida de toda e qualquer atividade, outro impulso que uma aversão acentuada pelos generais que mostravam caráter e energia, coisas cada dia mais raras no exército. Será necessário advertir que não se trata de bravura? Todos eram bravos, e é mais que sabido que os generais a quem falta energia em seu ofício e que temem comprometer sua reputação, mandando avançar um batalhão, crêem suprir ao que lhe falta com uma grande temeridade pessoal.

Se o imperador gostava de se rodear de camaristas de maneiras elegantes, fornecidos pelo *faubourg* Saint-Germain, o príncipe Berthier tinha uma predileção evidente pelos jovens oficiais que afetavam elegância de modos e que conheciam profundamente todas as nuanças da etiqueta.

Podemos afirmar que o príncipe Berthier foi a causa direta de uma boa metade dos infortúnios do exército francês a partir da batalha de Eylau, em que, por sua culpa, um corpo de exército não carregou (o regimento do marechal Bernadotte).

Esse cansaço de uma cabeça desgastada produzia, com freqüência, nas marchas, congestionamentos de tropas nas mesmas estradas, nas mesmas aldeias, e causava desordens pavorosas, que alienavam cada vez mais os habitantes do país, por sinal tão bons e tão humanos.

Se essa decadência só foi visível em 1805 aos homens que viam as coisas de perto, é porque o imperador tivera a felicidade de encontrar o conde Daru, ex-ordenador do exército de Masséna em Zurique. Esse homem raro, prodígio de ordem e de trabalho, era acanhado em tudo o que se relacionava à política e era, sobretudo, grande inimigo dos jacobinos, que, durante o Terror, o haviam mandado para a prisão. Sob o nome de *intendente-geral*, o imperador encarregara o conde Daru de grande parte das funções do major-general. Apenas os movimentos de tropas ficaram sob a responsabilidade deste, o que ainda estava acima de suas forças.

O conde Daru trabalhava diretamente com o imperador, fazia-lhe relatórios sobre uma série de medidas, que submetia à sua aprovação. Via-se amiúde o conde Daru responder a uma proposta com estas palavras: "Pedirei ordens ao príncipe de Neufchâtel". (Era, como se sabe, o novo título do general Berthier.)

O conde Daru administrava:

1º) os víveres;
2º) as finanças do exército;
3º) os países conquistados, divididos em intendências.

Os intendentes eram recrutados entre os auditores do Conselho de Estado. Sente-se que a administração dos víveres e a dos países conquistados tinham relações necessárias e contínuas com os movimentos de tropas. Daru realizava conferências contínuas com o príncipe major-general e ousava dar-lhe a conhecer a verdade, que, com freqüência, não era nada agradável.

Os infortúnios do exército, provenientes da falta absoluta de atenção aos detalhes, davam acessos de cólera ao conde Daru, cuja aspereza tornou-se célebre entre os militares. Coisa singular nessa época, ele ousava enfrentar os marechais. Era de uma probidade severa; por isso o imperador o proveu de uma dotação de setenta mil francos de renda e todo primeiro dia do ano dava-lhe de presente dez mil francos.

CRONOLOGIA

1769 - Napoleão nasce em Ajaccio, na Córsega, em 15 de agosto, 10º filho de Charles Marie Buonaparte e Laetitia Ramolini.
1779 - Agraciado com uma bolsa de estudos, ingressa na Escola Militar de Brienne.
1784 - Vai para a Escola Militar de Paris, como convidado.
1789 - Começa a Revolução Francesa.
1793 - Partidário dos *jacobinos*, distingue-se como *Capitão de Artilharia* em Toulon, em batalha contra os ingleses. É promovido a General de Brigada, aos 24 anos.
1794 - Robespierre, seu protetor, é destituído e guilhotinado. Napoleão é também destituído e preso.
- Reintegrado por Barras, é conduzido ao comando do Exército da Itália.
1795 - Defende a Convenção contra um levante monarquista.
1796 - Casa-se com Josefina de Beauharnais, em 9 de março.
- Vence os austríacos na batalha pela Ponte de Arcole, no país vêneto.
1797 - Derrota os austríacos e negocia a paz, concluindo a assinatura do *Tratado de Campofórmio*, em 17 de outubro.
- Recebe do Diretório o comando do Exército da Inglaterra, em dezembro.
1798/1799 - O Diretório lhe confia o comando da expedição ao Egito com o objetivo de, alcançando o Mediterrâneo, destruir a Inglaterra. Sua frota é derrotada em Abuquir pelo Almirante Nelson, comandante da frota britânica.

1799 - Invade a Síria, em fevereiro. Desastrosa derrota dos franceses pelos turcos e ingleses.
- Em julho, as tropas francesas batem os turcos em Alessandria.
- Áustria, Rússia, Inglaterra e Turquia formam a *Segunda Coalizão*, vencem os franceses na Itália (o Diretório está enfraquecido econômica e politicamente) e atacam Suíça e Alemanha.
- Napoleão retorna à França em outubro. Por inspiração de Sieyès, participa do golpe de Estado do *18 Brumário* (9 de novembro), que culmina com a criação de um novo executivo, o *Consulado* — composto por Napoleão, Sieyès e Ducos.
1800 - É nomeado Primeiro Cônsul, com mandato de 10 anos, e impõe ao país uma Constituição autoritária. Com 30 anos, tem a França na palma da mão.
- Em 14 de junho vence a *Batalha de Marengo*, contra os austríacos, e conquista para a França todo o norte da Itália.
1801 - Impõe à Áustria a *Paz de Luneville*.
- Promove a *Reunificação*, reata relações com a Igreja e assina, com o papa Pio VI, a *Concordata*.
1802 - Tendo a Rússia como aliada, conclui a paz geral ao assinar com a Inglaterra o *Tratado de Amiens*.
1804 - Descobre a conspiração liderada pelo monarquista Cadoudal, pretexto para a execução do Duque d'Enghien.
- Faz-se proclamar imperador da França, em maio. Agora é *Napoleão I*.
- Consegue a vinda do papa, em 2 de dezembro, para coroá-lo Imperador da França, mas arrebata-lhe a coroa e coroa-se a si mesmo.
1805 - Inglaterra, Rússia, Áustria, Suécia e Nápoles formam a *Terceira Coalizão*.
- Mais brilhante vitória de Napoleão, a *Batalha de Austerlitz* encerra-se no dia 2 de dezembro. A Áustria se rende, assina o *Tratado de Pressburg* e reconhece Napoleão rei da Itália.
1805/1806 - Forma a *Confederação do Reno*.

1806 - *Batalha de Iéna e Auerstadt* (14 de outubro) contra a Prússia, maior potência militar da Europa, que é esmagada.
1807 - Napoleão derrota os russos em Friedland, no dia 14 de junho. Assina o *Tratado de Tilsit*.
1808 - Invasão de Portugal e Espanha, onde se defronta com o início da guerra de guerrilhas. A Inglaterra socorre Portugal e derrota os franceses. É deflagrada a *Guerra Peninsular*, contra a Espanha.
1809 - *Batalhas de Aspern e Wagran*, entre França e Áustria. Napoleão vence e assina o *Tratado de Schönbrunn*.
- Divorcia-se de Josefina, que não fora capaz de lhe oferecer um herdeiro ao trono.
1810 - Casa-se com Maria Luísa, filha do imperador da Áustria.
1811 - Nasce o primeiro filho de Napoleão, a quem ele dá o título de *rei de Roma*.
- Rússia e Inglaterra reatam relações comerciais.
1812 - Os exércitos napoleônicos invadem a Rússia. Depois de dramática batalha que dura meses, Napoleão ordena retirada em 19 de outubro. O inverno precoce e a falta de alimento dizimam o Grande Exército. Volta para Paris, onde se conspira um golpe de Estado.
1813 - Em maio, vence batalha contra Rússia e Prússia.
- Em agosto, vence a Áustria na *Batalha de Dresde*.
- Vencido em Leipzig por russos, prussianos e austríacos na *Batalha das Nações*, é repelido para a França em 19 de outubro.
- Consegue vitórias em Champaubert, Montmirail e Montereau.
1814 - Os exércitos aliados da Inglaterra, Áustria, Rússia e Prússia visam derrubar o imperador e entram em Paris no dia 30 de março. Napoleão, sem ser obedecido por seus generais, sem suas tropas, tenta resistir inutilmente.
- Em 6 de abril assina sua abdicação em Fointainebleau e, desesperado, ingere veneno. Sobrevive, mas é exilado para a ilha de Elba, a poucos quilômetros da Córsega.

1815 - Em 26 de fevereiro, Napoleão escapa de Elba com um exército de mil homens. Em Lyon, seus antigos generais reúnem-se a ele, de onde sai com 14 mil soldados. Paris esperava por ele. Mais uma vez consegue formar um grande exército, de 128 mil homens e 344 canhões.
- Em 16 de junho derrota o exército anglo-prussiano em Ligny, sob o comando de Blücher.
- Em 18 de julho enfrenta as tropas aliadas, sob o comando do duque de Wellington, em Waterloo. Batalha encarniçada, de muitas horas. Napoleão, vencido, volta a Paris.
- Deixa o trono no dia 22 de junho.
- Desembarca na ilha de Santa Helena, no mês de outubro, quando começa a escrever suas memórias.
1821 - Morre no dia 5 de maio, em Santa Helena, com 51 anos. Em seu túmulo, sem nome algum, foi escrito apenas: "Aqui jaz".

OUTROS TÍTULOS DA BOITEMPO

De que lado você está?
Guilherme Boulos
Posfácio de **André Singer**
Orelha de **Leonardo Sakamoto**

Estado e burguesia no Brasil
Antonio Carlos Mazzeo
Orelha de **Evaldo Amaro Vieira**
Quarta capa de **José Paulo Netto**

A luta de classes
Domenico Losurdo
Tradução de **Silvia De Bernardinis**
Orelha de **José Luiz Del Roio**

Paris, capital da modernidade
David Harvey
Tradução de **Magda Lopes**
Revisão técnica de **Artur Renzo**
Orelha de **João Sette Whitaker Ferreira**
Quarta capa de **Gilberto Maringoni**

📖 COLEÇÃO TINTA VERMELHA

Bala perdida: a violência policial no Brasil e os desafios para a sua superação
Jean Wyllys, Maria Rita Kehl, Stephen Graham et al.
Apresentação de **Guaracy Mingardi**
Quarta capa de **Marcelo Freixo**

📖 COLEÇÃO MARX/ENGELS

Anti-Dühring: a revolução da ciência segundo o senhor Eugen Dühring
Friedrich Engels
Tradução de **Nélio Schneider**
Apresentação de **José Paulo Netto**
Orelha de **Camila Moreno**

📖 COLEÇÃO ESTADO DE SÍTIO
Coordenação de Paulo Arantes

Mal-estar, sofrimento e sintoma
Christian Ingo Lenz Dunker
Prefácio de **Vladimir Safatle**
Orelha de **José Luiz Aidar Prado**

📖 COLEÇÃO MARXISMO E LITERATURA
Coordenação de Leandro Konder

Revolta e melancolia
Michael Löwy e Robert Sayre
Tradução de **Nair Fonseca**
Orelha de **Marcelo Ridenti**

📖 COLEÇÃO MUNDO DO TRABALHO
Coordenação de Ricardo Antunes

A montanha que devemos conquistar
István Mészáros
Tradução de **Maria Izabel Lagoa**
Prefácio de **Ivana Jinkings**

📖 LITERATURA

Hereges
LEONARDO PADURA
Orelha de Eric Nepomuceno

Luiz Carlos Prestes
ANITA LEOCADIA PRESTES
Orelha de José Luiz Del Roio
Quarta capa de Fernando Morais

Pssica
EDYR AUGUSTO
Orelha de Daniel Galera

📖 SELO BARRICADA

Conselho editorial Gilberto Maringoni,
Luiz Gê, e Ronaldo Bressane

Cânone gráfico, v. 2
RUSS KICK (ORG.)
Tradução de Alzira Allegro e Flávio Aguiar

Este livro foi composto em ITC New Baskerville 10,5/12,6 e reimpresso em papel Avena 80 g/m² pela gráfica Forma Certa, para a Boitempo, em abril de 2025, com tiragem de 50 exemplares.